21世纪全国高等院校公共管理类规划教材

人力资源管理实务

顾沉珠　时长胜　编著

北京大学出版社
PEKING UNIVERSITY PRESS

内容简介

现有的人力资源管理的教材中，适用于本科和研究生教育的不少，但具有高等职业教育特色的人力资源管理的教材却少之又少。本教材根据高等职业教育项目化教学的需要，把经过许多第一线人力资源管理工作者长期实践的管理经验，提升为一个个生动的项目，分解为一个个可以操作的任务，弥补了管理类职业教育教材操作性不足的缺陷，在强调教材的实用性、实践性的同时，配备了不小篇幅的人力资源管理工作者必须具备的知识链接，适合高职高专学生以及实践型本科学生作为人力资源管理课的教材，也适合新入门的人力资源工作者作为参考书。

本书在内容选取上，根据人力资源管理专业学生的实际知识和能力需求，选取了人力资源规划、招聘与选拔、员工培训、薪酬管理、绩效管理、劳动争议处理等操作模块，并以精选的实际案例、资料作补充，特别适合于教师教学和学生学习。

图书在版编目(CIP)数据

人力资源管理实务/顾沉珠，时长胜编著. —北京：北京大学出版社，2011.9
(21世纪全国高等院校公共管理类规划教材)
ISBN 978-7-301-19440-9

Ⅰ.①人… Ⅱ.①顾…②时… Ⅲ.①人力资源管理—高等职业教育—教材 Ⅳ.①F241

中国版本图书馆 CIP 数据核字(2010)第 172236 号

书　　名：人力资源管理实务
著作责任者：顾沉珠　时长胜　编著
策 划 编 辑：周　伟
责 任 编 辑：周　伟
标 准 书 号：ISBN 978-7-301-19440-9/C・0695
出 版 发 行：北京大学出版社
地　　址：北京市海淀区成府路 205 号　100871
网　　址：http://www.pup.cn
电 子 信 箱：zyjy@pup.cn
电　　话：邮购部 62752015　发行部 62750672　编辑部 62754934　出版部 62754962
印　刷　者：三河市博文印刷有限公司
经　销　者：新华书店
787 毫米×1092 毫米　16 开本　12.25 印张　292 千字
2011 年 9 月第 1 版　2014 年12月第 3 次印刷
定　　价：24.00 元

前　言

高等职业教育的课程改革这几年日益深入，紧密结合了社会对于用人的需求，管理职业教育专业开设人力资源管理实务已不再是赶时髦，而是形势所迫，因为不能设想一个懂得人力资源管理的 CEO 带领着对此一无所知的团队能够赢得市场激烈竞争的胜利，就像一个足球教练带着一个对足球规则一无所知的球队无法上场一样。与日益完善的职业教育的课程相对应的教材，在工程类和经济类的科目中已经有很好的反映，但是管理类的却不尽如人意，现有的人力资源管理类的高职类教材不少只是本科教材的翻版，能够适合高职高专学生的少之又少。尽管人力资源管理的规律在所有的理论和实践中是一致的，但对于这些理论和实践的了解、掌握程度在不同层次的管理岗位是有所区别的，对于教育领域，这种区别体现在不同层次的学习中，需要有针对性的学习教材。

所幸的是北京大学出版社组织了很及时的一场教材编写盛会，老师们急教学所急，在我们寻觅之际给了我们最大的信任和最及时的帮助，使我们长期的努力和追求有了结果。在此谨向北京大学出版社有限公司表示诚挚的谢意。借此机会，也向给了我们很多帮助的上海工会管理职业学院公共管理系的主任马景洪老师、人事处许光敏副处长表示深深的谢意。

本书的编写得到了下列老师和领导的支持，他们是：上海工会管理职业学院的王明洲老师（项目一）；上海工会管理职业学院的顾沉珠老师（项目二、项目三、案例精选以及项目一、项目四的综合分析）；上海工会管理职业学院的许广敏副处长（项目四）；上海科技管理职业学院人力资源专业主任袁圣东老师（项目五、项目七）；上海工会管理职业学院的时长胜老师（项目六）。

由于时间仓促，本书有很多的错误和遗漏，特别是许多的资料还来不及补充，希望下次再版时能有机会补上。

顾沉珠

2011 年 5 月于上海

目　　录

项目一

人力资源规划

任务引入

天宏科制造公司的营销经理刘伟在每周经理例会上说："我有一个好消息，我们可以与康德公司签订一大笔合同。我们只要做到在一年内完成该合同的任务(原计划两年)，我告诉过他们我们能够做到。"

然而人力资源部副经理李琳的话却使每个人都感到现实的压力，她说："在我看来，我们现有的工人并不具备按康德公司的标准生产出达标产品所需的专业知识。在原来两年的经营计划进度表中，我们曾规划对现有工人逐步进行培训。但是按现在一年完成的时间表，我们将不得不到劳动力市场上招聘那些具有该方面工作经验的工人。或许我们有必要进一步分析一下这个新方案，看看是否确实需要这么做。如果我们要在一年而不是两年中完成这一经营计划，人力资源成本将大幅度上升。确实，我们能做到这一点，但是由于有这些人力资源方面的约束条件存在，这个新计划的效益会好吗？"

(资料来源：豆丁网，《人力资源规划》)

任务分析

在上述情况中，刘伟在其经营计划中没有考虑人力资源对组织发展的约束性。在如今发展迅速、充满竞争的环境中，如果没有认识到人力资源的重要性，常常会使原本来之不易的机会付之东流。所以，不断保持人力资源规划的适应性和保持人力资源的先进性才能使组织保持竞争优势。

在本项目中，我们的主要任务是：

1. 学习人力资源规划相关的信息收集工作；
2. 掌握如何做好组织的人力资源需求预测工作；
3. 掌握如何做好组织的人力资源供给预测工作。

任务一　人力资源现状信息收集

教学目标

通过学习，使学生掌握收集人力资源规划的相关信息工作。

任务引入

2010年8月26日，在河南省人才交流中心二楼大厅里，上千人排成两条长龙等待向富士康公司递交个人资料和面试。

河南省人才交流中心主任徐俊才告诉记者："从7月22日以来，富士康每周四、六在这里开设两个展位招聘各类管理人员，场场爆满。8月14日专场招聘会应聘者超万人，应聘者队伍长达一公里。每逢富士康招聘日，人才交流中心都要派出一二十人维持现场秩序。"

富士康一位负责招聘的主管介绍，富士康郑州公司厂区明年年底达产后，用工规模在15万人以上，除普通员工以外，中高层管理人员就需要数千人。

与富士康同时在河南省人才交流中心设台招聘管理人员的几家郑州本地企业，门前冷落。一家电子企业一个上午只收到3份咨询者的简历。这家企业负责招聘的工作人员说："富士康一来，明显抬高了郑州用工的门槛。原来郑州招一名普工，管吃管住800元，而富士康是1200元起步；管理人员现在得涨到1600元以上了，技术人员基础工资没2000元恐怕招不到人了。"

郑州一家速冻食品加工企业负责人称："已经有员工提出辞职，要跳槽到富士康。我们正在考虑要通过加薪、提高福利、完善后勤保障等措施，留住人才。"

（资料来源：新华网）

任务分析

在"任务引入"案例中，因为外部环境的变化，相关组织的人力资源管理必然会受到一定的冲击。作为人力资源部门，必须未雨绸缪，提早做好有效的应对工作，首当其冲就是做好与人力资源规划的组织人力资源现状相关信息调查工作。哪些是与人力资源规划相关的现状信息调查工作呢？

知识链接

人力资源规划是指组织根据其发展战略、目标及内外环境的变化，预测未来组织的任务和环境对自身的要求，以及为完成任务和满足要求而制定和实施的相应人力资源政策、措施的过程。人力资源规划是组织人力资源发展战略的重要组成部分，是人力资源管理各项工作的起点与依据。其任务是预测组织发展中人力资源的供给与需求状况，并采取相应措施，确保组织在需要的时间和需要的岗位获得所需的人选（包括数量、质量和结构），以实现组织人力资源的最佳配置，使组织与员工的需要得到满足。

全面理解"人力资源规划"这一概念应注意以下几点：第一，适应组织环境的变化，从组织的目标与任务出发，要求人力资源的质量、数量和结构动态适应其特定的生产资料和生产技术条件的要求；第二，组织目标实现与个人利益满足的一致性；第三，保证人力资源与未来组织发展各阶段的动态协调。

而影响人力资源规划的信息主要有以下几个方面。

一、组织外部环境信息

经济环境（社会经济发展状况、经济体制改革的进程）的变化会影响组织对人员的需求，随着社会经济的发展，人们对某些产品和服务的需求会增加或减少，因而会影响提供相应产品或服务的企业对人员需求的变化。如随着"世博会"的召开，带动了人们对旅游的需求，由于旅游团体和旅游人数的大量增加，旅行社对导游人员的需求也会大幅的提升。社会、政治、法律等方面的原因也是常常导致人力资源变化的原因。技术的变革与新技术的采用也会引起人员需求的变化。

二、组织内部环境信息

（一）组织的经营、管理信息

组织的经营、管理信息主要包括它的组织架构、战略规划和发展计划、组织业务范围、财务预算等多方面的信息。组织架构的调整会产生新建部门或原来的部门合并，人员的数量会随之发生变化。组织的战略规划和发展计划决定它的发展方向、速度、规模、市场占有率等方面的水平，也会因此影响人力资源的调整。根据对组织生产和销售预测，可以得出对生产销售人员以及相应的支持人员和管理人员需求的变化。除此以外，组织业务范围和组织的财务预算对人员的数量和质量也都有影响。

（二）人力资源现状的信息

人力资源现状的信息是调查的重点，包括人员的结构（年龄结构、性别结构、学历结构、职称结构、专业技术结构等）、人力资源的损耗情况（老员工的退休、员工辞职、合同终止解聘、意外死亡或疾病、各种原因的休假等）、人员的流动情况、人力资源的成本、人员的工作绩效和成果、人员的培训情况等。

组织外部环境信息和组织内部环境信息因素参见表 1-1。

表 1-1　影响组织人力资源规划的信息

组织外部	组织内部	
	战略、预算	
经济、市场需求	组织发展速度、规模	人员的结构辞职
社会、政治、法律	生产和销售预测	人员的损耗情况
技术进步	新建部门或组织扩张	人员的流动情况
竞争者	工作设计	人员的工作绩效
劳动力市场供求	工作时间	人员的培训情况
	培训计划	

人力资源部门在正式制定人力资源规划前，一方面利用现有条件收集相关的政策、文件、网站信息，以便随时了解组织外部环境的变化信息；另一方面，同时向组织各职能部门索要整体战略规划数据、组织结构数据、财务规划数据、市场营销规划数据、生产规划数据、新项目规划数据、各部门年度规划数据信息。人力资源规划专职人员负责从以上数据中提炼所有与人力资源规划有关的数据信息，并且整理编报，为有效的人力资源规划提供基本数据。

更为重要的是，无论是内部的环境信息还是外部的环境信息，都是一个不断变化的动态，这就给我们做信息采集的工作提出了相当高的要求，不断跟进变化了的情况，成为人力资源规划专职人员信息采集的基本要求。

知识延伸

从用途及时间幅度来看，组织人力资源规划分长期规划、中期规划和短期规划。人力资源的规划要与组织的总体规模一致，主要取决于组织环境的确定性、稳定性以及对人力素质的要求。通常，经营环境不确定、不稳定或人力素质要求低，随时可以从劳动力市场上补充的，以短期规划为主；相反，若经营环境相对确定和稳定，而对人力素质要求较高，补充比较困难时，就应当制定中长期规划。

组织人力资源规划制定与实施的程序包括信息收集、分析与预测，确立人力资源的目标与政策，设计和实施各项规划，确保组织能达到其人力资源目标，对各项规划实施情况的控制和评价。

考核反馈

1. 如何协调各职能部门配合做好信息收集工作？
2. 制作一份自己所属系部的人力资源规划相关信息的报表。

能力拓展

1. 若你是“任务引入”案例中的人力资源部门主管，应该如何做好组织外部环境信息的收集工作？

2. 收集人力资源规划的相关信息，最后形成的结果形式有哪些？

任务二　人力资源需求预测

教学目标

通过学习，使学生掌握做好组织的人力资源需求预测工作。

任务引入

何平现任和平公司人力资源部经理助理。11 月中旬，公司要求人力资源部在两星期内提交一份公司明年的人力资源规划初稿，以便在 12 月初的公司计划会议上讨论。人力资源部经理王盛将此任务交给了何平，并指出必须考虑和处理好下列的关键因素。

1. 公司的现状。公司现有生产及维修工人 850 人，文秘和行政职员 56 人，工程技术人员 40 人，中层与基层管理人员 38 人，销售人员 24 人，高层管理人员 10 人。

2. 统计数字表明，近五年来，生产及维修工人的离职率高达 8%，销售人员离职率为 6%，文职人员离职率为 4%，工程技术人员离职率为 3%，中层与基层管理人员离职率为 3%，高层管理人员的离职率只有 1%，预计明年不会有大的改变。

3. 按企业已定的生产发展规划，文职人员要增加 10%，销售人员要增加 15%，工程技术人员要增加 6%，而生产及维修工人要增加 5%，高层、中层和基层管理人员可以不增加。

要求在上述因素的基础上为明年提出合理可行的人员补充规划，其中要列出现有的、可能离职的以及必须增补的各类人员的数目。

假设你是何平，将如何进行公司的人力资源需求预测。

（资料来源：http://blog.sina.com.cn/soar1）

任务分析

人力资源规划的第一步是进行人力资源需求预测，即根据组织的战略目标，利用收集到的信息，以适当的技术，预测在某一目标时间内组织所需要人员的数量、质量和结构。对人力资源需求的预测可以根据时间的跨度、收集信息的类型等，相应采用不同的预测方法。

知识链接

组织人力资源需求的预测方法总的来说可以分为定性预测方法和定量预测方法。定性预测方法主要有经验预测法和专家预测的德尔菲法，定量预测方法主要有劳动定额法、比率分析法和回归分析法等。下面分别予以介绍。

一、定性预测方法

定性预测法主要包括经验预测法和德尔菲法。

(一) 经验预测法

经验预测法就是根据管理人员的经验，结合组织发展的要求，对员工需求加以预测。在此基础上，由专门的人力资源计划人员汇总，进行综合平衡，从中预测出整个企业未来某一时期对各种人员的需求总量。经验预测法较能发挥下属各级管理人员在人力资源规划中的作用，但是人力资源部门或专职人力资源计划人员必须要给予他们一定的指导。经验预测法较适用于中期、短期的预测规划，简单易行。

(二) 德尔菲法

德尔菲法(Delphi Method)也称专家意见法，是指专家们对影响组织某一领域发展的看法达成一致的一种结构性方法。使用德尔菲法的目的是通过综合专家们的意见来预测企业某一方面的发展。专家是指对所要研究的问题具有发言权的人。专家的选择既可以来自一线的管理人员，也可以是高层经理和外请专家。在预测组织未来人力资源需求上，可以选择在人事、市场、销售和生产部门的经理作为专家，也可以选择熟悉业务情况的普通员工作为专家。

用德尔菲法进行人力资源需求预测的实施过程是：

(1) 作为人力资源需求预测工作的组织者的人力资源部门，向专家们说明人力资源预测工作对组织的重要性，取得专家们对这种预测方法的理解和支持；

(2) 以问卷调查的形式，了解专家对未来人力资源需求的分析评估；

(3) 然后归纳专家的意见后再反馈给专家，通过 3～5 次的反复，专家的意见趋于一致。

使用德尔菲法应遵循以下原则：

(1) 问卷调查的方法一般采用匿名的形式；

(2) 应该多轮征询专家的意见；

(3) 在专家进行预测的过程中，人力资源部门应该给专家提供较为充分的信息；

(4) 所问问题应该尽可能简单，同时应该是专家在自己的知识范围内能够回答的问题；

(5) 对专家的预测结果不要苛求精确，应该允许专家做出粗略的估计。

德尔菲法在实际的人力资源需求预测中得到广泛的使用，且预测的准确性程度也比较高。

二、定量预测方法

定量预测方法主要包括劳动定额法、比率分析法和回归分析法等。

（一）劳动定额法

劳动定额法是根据劳动者在单位时间内应完成的工作量和组织计划的工作任务总量推测出所需要的人力资源数量。具体的公式是：

$$N=\frac{W}{Q}(1+R)$$

式中：N——人力资源需求量；

W——计划内任务完成总量；

Q——组织现行定额；

R——计划期内生产率变动系数。

【例 1-1】 某工厂新设一车间，其中有四类工作。现拟预测未来三年操作所需的最低人员数量。

第一步：根据现有资料得知这四类工作所需的标准任务时间为 0.5 小时/件、2.0 小时/件、1.5 小时/件、1.0 小时/件。

第二步：估计未来三年每一类工作的工作量(产量)(参见表 1-2)。

表 1-2　某新设车间的工作量估计

产量 工作	第一年	第二年	第三年
工作 1	12000	12000	10000
工作 2	9500	100000	120000
工作 3	29000	34000	38000
工作 4	8000	6000	5000

第三步：将产量折算为所需的工作时数(参见表 1-3)。

表 1-3　某新设车间的工作时数估计

时间 工作	第一年	第二年	第三年
工作 1	6000	6000	5000
工作 2	190000	200000	240000
工作 3	43500	51000	57000
工作 4	8000	6000	5000
合计	247500	263000	307000

第四步：根据实际的每人每年可工作时数，折算所需人员。假设每人每年工作小时数为 1800 小时，从表 1-3 数据可知，未来三年所需的人员数分别为：

第一年所需人员数：247500/1800≈138(人)

第二年所需人员数：263000/1800≈147(人)

第三年所需人员数：307000/1800≈171(人)

在例1-1中，我们没有考虑生产率的变化情况，实际上三年中企业的生产率多少是会发生变化的，因而这只是一种近似的预测。

(二) 比率分析法

比率分析法假设企业的人力资源需求量和某一因素成比例关系。以产量为例，假设产量和人力资源需求量之间的关系为：

$$Y_t/M_t=Y_o/M_o$$

式中：Y_t——未来t时刻的产出水平；

M_t——要预测的未来t时刻的人员需求量；

Y_o——目前的产出水平；

M_o——目前的人员实际需求量(它是在目前实际使用人员数量的基础上，根据现有人员使用的合理性进行调整而得出的数字)。

根据以上假设，可以得出未来t时刻的人员需求量M_t为：$M_t=M_o(Y_t/Y_o)$

【例1-2】 如2010年某公司30名销售人员所完成的销售额是900万元，那么平均每个销售人员完成的销售额就是30万元。如果企业2011年的计划是将销售额提高180万元，达到1080万元，那么就需要增加6名销售人员。与要预测的人员数量成比例关系的因素也可以是另一类人员的数量。如假设销售人员和行政人员的比率关系是6：1，则销售人员增加6人时，所需的行政人员应增加1人。

我们可以发现，这一方法的前提是假设人力资源需求量和某一因素间的比例是一定的，而实际上这一关系常常随着劳动生产率等各种因素的变化而变化。如把这种变化考虑进去，则上述人员需求量的模型可修正为：

$$M_t=M_o(Y_t/Y_o)+(M_o/Y_o-M-1/Y-1)Y_t$$

式中：$Y-1$——前一期的产出水平；

$M-1$——前一期的人员需求量。

知识延伸

德尔菲法是在20世纪40年代由赫尔默和戈登首创，1946年，美国兰德公司为避免集体讨论存在的屈从于权威或盲目服从多数的缺陷，首次用这种方法用来进行定性预测，后来该方法被迅速广泛采用。20世纪中期，当美国政府执意发动朝鲜战争的时候，兰德公司又提交了一份预测报告，预告这场战争必败。政府完全没有采纳，结果一败涂地。从此以后，德尔菲法得到广泛认可。

德尔菲是古希腊地名。相传太阳神阿波罗在德尔菲杀死了一条巨蟒，成了德尔菲主人。在德尔菲有座阿波罗神殿，是一个预卜未来的神谕之地，于是人们就借用此名，作为这种方法的名字。

考核反馈

1. 对“任务引入”案例中和平公司的人力资源需求进行预测。

2. 根据“任务引入”中的案例，为自己所在的学校的某个部门设计一份德尔菲法所需的调查问卷。

能力拓展

1. 模拟实训：运用德尔菲法，对所属系部的学生会干部需求进行预测，形成相关结果。

2. 抽样调查学校附近的几家公司，询问其常用的人力资源需求预测方法并作分析。

任务三　人力资源供给预测

教学目标

通过学习，使学生掌握做好组织的人力资源供给预测工作。

任务引入

北山医药集团是一家民营企业，从1990年建厂以来，在短短的十几年时间里，企业由原来仅有二十多名员工的小作坊式工厂发展成为一个拥有三千多名员工，年销售额达十多亿的现代化制药集团。然而，随着企业的发展壮大，特别是近些年制药行业的竞争加剧，企业面临的人力资源管理方面的问题日益突出：企业的业务在迅速地扩展，如企业的产品技术层次在不断地提升，经营开始走向多元化，现有的人员已经无法满足新增业务对技能方面的要求，特别是有经验的技术人员与管理干部缺乏，严重地影响了业务的发展。然而，正是在这个时候，却又有几个非常重要的核心员工被竞争对手挖去，使企业发展蒙受了巨大的损失。高层领导开始意识到，如果这个问题不认真加以解决，企业在今后更为激烈的市场竞争中将会败下阵来。

为此，企业聘请人力资源管理咨询专家进行了大规模的调查研究。调查结果表明，该企业员工对于自己的工资与福利待遇较为满意；企业的高层次人才多采用校园招聘的形式，但招聘人才的条件与专业却是由人力资源部根据情况确定的，员工的工作安排随意性较大，专业不对口的现象较为普遍。此外，企业内部的调动非常频繁，升迁多由高层管理者仓促任命；而企业的培训多根据现有的环境与条件安排，不得影响生产，因此，员工对自己的职业发展的满意度不高，不少人有了离职“跳槽”的想法。

（资料来源：圣才学习网）

任务分析

人力资源需求预测为管理者们提供了组织估计所需员工数量和类型的手段，但仅仅知道人员需求是不够的。如北山医药集团下属的一个新工厂正准备开工，专家们曾认定其新产品的需求是长期的、大量的。资金、设备均已到位，可是一年过去了，工厂还没开工。其管理者们犯了一个关键性的错误：他们只研究了人力资源需求，但是没有研究人力资源供给。在当地劳动力市场上没有开办新工厂所需的足够的工人。在新工厂开工前，企业不得不花大量的时间和金钱对新招聘的工人进行全面的培训。可见，人力资源供给预测与需求预测同样重要，它们都是组织进行人力资源规划所必不可少的关键环节。

知识链接

人力资源供给预测是指为了满足组织在未来一段时间内的人力资源需求，而对将来某个时期内，组织从其内部和外部可以获得的人力资源的数量和质量进行预测。人力资源供给预测包括内部人力资源拥有量预测和外部人力资源供给量预测两部分。

内部人力资源拥有量预测是组织根据现有人力资源及其未来变动情况，预测出规划各时间点上的人员拥有量。

外部人力资源供给量预测是组织对外部人力资源供给量进行预测，确定在规划各时间点上的人员可供量。

一、组织内部供给预测的方法

在人力资源供给预测中，为了简便和准确，首先要考虑组织现有的人力资源存量，然后在假定人力资源管理政策不变的前提下，结合组织内外部条件，对未来的人力资源供给数量进行预测。常用的企业内部人力资源供给预测的方法如下。

（一）人员核查法（人力资源信息库）

人员核查法是对组织现有人力资源数量、质量、结构和在各职位上的分布状况进行核查的一种方法，用于掌握组织拥有的人力资源状况（参见表 1-4）。通过核查，可以了解员工在工作经验、技能、绩效、发展潜力等方面的情况，从而帮助人力资源规划人员估计现有员工是否具有调换工作岗位的可能性，决定哪些人可以补充组织当前的职位空缺。

为此，在日常的人力资源管理中，要做好员工的工作能力记录工作。

人员核查法的典型步骤如下：

(1) 对组织的工作职位进行分类，划分其级别；

(2) 确定每一职位每一级别的人数。

人员核查法只是一种静态的人力资源供给预测方法，不能反映组织中人力资源动态的、未来的变化，所以只适用于中小型组织短期内人力资源的供给预测，存在很大的局限性。

表 1-4　一个员工档案的例子

<table>
<tr><td colspan="2">姓名</td><td>部门</td><td>科室</td><td>工作地点</td><td>填表日期</td></tr>
<tr><td colspan="2">到职日期</td><td>出生年月</td><td colspan="2">婚姻情况</td><td>工作职称</td></tr>
<tr><td rowspan="5">教育背景</td><td>类别</td><td>学位种类</td><td>毕业日期</td><td>学　校</td><td>主修科目</td></tr>
<tr><td>高中</td><td></td><td></td><td></td><td></td></tr>
<tr><td>大学</td><td></td><td></td><td></td><td></td></tr>
<tr><td>硕士</td><td></td><td></td><td></td><td></td></tr>
<tr><td>博士</td><td></td><td></td><td></td><td></td></tr>
<tr><td rowspan="3">训练背景</td><td colspan="2">训练主题</td><td colspan="2">训练机构</td><td>训练时间</td></tr>
<tr><td colspan="2"></td><td colspan="2"></td><td></td></tr>
<tr><td colspan="2"></td><td colspan="2"></td><td></td></tr>
<tr><td>技　能</td><td colspan="4">技能种类</td><td>证　书</td></tr>
<tr><td></td><td colspan="4"></td><td></td></tr>
<tr><td rowspan="4">志　向</td><td colspan="3">你是否愿意担任其他类型的工作？</td><td>是</td><td>否</td></tr>
<tr><td colspan="3">你是否愿意调到其他部门去工作？</td><td>是</td><td>否</td></tr>
<tr><td colspan="3">你是否愿意接受工作论调以丰富工作经验？</td><td>是</td><td>否</td></tr>
<tr><td colspan="3">如果可能，你愿意承担哪种工作？</td><td></td><td></td></tr>
<tr><td colspan="2" rowspan="2">你认为需要接受何种训练</td><td colspan="4">改善目前的技能和绩效</td></tr>
<tr><td colspan="4">提高晋升所需要的经验和能力</td></tr>
<tr><td colspan="6">你认为自己现在可以接受哪种工作指派？</td></tr>
</table>

(二) 管理人员接替模型

对于管理人员供给的预测，最简单而又有效的方法就是设计管理人员的接替模型，也称管理人员替代法。管理人员接替模型是一种专门对组织的中高层管理人员的供给进行有效预测的方法。管理人员接替模型通过对组织中各管理人员的绩效考核及晋升可能性的分析，确定组织中各关键职位的接替人选，然后评价接替人选目前的工作情况及潜质，确定其职业发展需要，考察其个人职业目标与组织目标的契合度。管理人员接替模型的最终目的是确保供给组织未来有足够的、合格的管理人员。

管理人员接替模型是通过一张管理人员替代图来预测组织内部的人力资源供给情况。在管理人员替代图中要给出部门、职位全称、员工姓名、职位(层次)、员工绩效与潜力等各种信息，依次来核算未来的人力资源变动趋势(参见表 1-5)。

表 1-5 管理人员接替表

职位名称：总经理				
姓　名	晋升顺序	现　职	绩　效	晋升潜力
葛浩	1	销售经理	H	N
林琳	2	生产经理	H	S
吴海瑾	3	人事经理	H	L
朱丽兰	4	财务经理	L	R

(三) 马尔科夫预测法(马尔科夫模型)

马尔科夫预测法是一种运用统计学原理预测组织内部人力资源供给的方法。马尔科夫预测法的基本思路是通过具体历史数据的收集，找出组织过去人事变动的规律，由此推测未来的人事变动趋势。马尔科夫预测法实际上是一种转换概率矩阵，使用统计技术预测未来的人力资源变化。马尔科夫预测法描述组织中员工流入、流出和内部流动的整体形式，可以作为预测内部劳动力供给的基础。

马尔科夫预测法最早在荷兰军队里使用，后扩展应用于企业中。马尔科夫预测法用定量方法预测具有相等间隔时间时刻点上各类人员的人数。

马尔科夫预测法的典型步骤如下：

(1) 根据组织的历史资料，计算出每一类的每一名员工流向另一类或另一级别的平均概率；

(2) 根据每一类员工的每一级别流向其他类或级别的概率，建立一个人员变动矩阵表；

(3) 根据组织年底的种类人数和步骤二中人员变动矩阵表预测第二年组织可供给的人数。

以某大学的人员流动为例，用马尔科夫预测法预测一段时间后学校的人员供给情况。首先在对过去人员变动数据收集分析的基础上，计算出人员流动的概率，列出人员流动概率矩阵(参见表 1-6)。所收集的数据的时间周期越长，这一百分比的准确性就越高。将期初人员数乘以人员流动概率，得出人员流动矩阵表(参见表 1-7)。将期末人员数纵向相加，就可得出组织内部未来人员供给的净值。

表 1-6 人员流动概率矩阵表

期初＼期末	教　授	副教授	讲　师	助　教	离　职
教授	0.80				0.20
副教授	0.10	0.70			0.20
讲师		0.05	0.8	0.05	0.10
助教			0.15	0.65	0.20

表 1-7　人员流动矩阵表

	起初人员数量	教　授	副教授	讲　师	助　教	离　职
教授	40	32				8
副教授	80	8	56			16
讲师	120		6	96	6	12
助教	160			24	104	32
期末人员供给量		40	62	120	110	68
需补充人员		0	18	0	50	

二、组织外部人力资源供给预测的方法

组织外部人力资源供给预测主要是预测未来几年中外部劳动力市场的供给情况。组织外部人力资源供给预测不仅要调查整个国家的组织所在地域的人力资源供给情况，还要调查同行业或同地区其他组织对人力资源的需求情况。组织外部人力资源供给预测是相当复杂的，但是它对组织制订其他的人力资源具体计划有相当重要的作用。

组织外部人力资源供给的渠道主要有大中专院校及技职校应届毕业生、复员转业军人、失业人员、流动人员、其他组织在职人员。

大中专院校及技职校毕业生的供给较为确定，主要集中于夏季，且其数量和专业、层次、学历均可以通过各级教育部门获取，预测工作容易。复员转业军人由国家指令性安置，也比较容易预测。困难的是对城镇待业和流动人员的预测，需综合考虑这些人员的就业心理、国家就业政策、政府对农村劳动力进城务工的限制及其他一些因素。

对于其他组织在职人员的预测则需考虑诸如社会心理、个人择业心理、组织本身的经济实力及同类人员的福利、保险、工资、待遇等因素。组织应在可能提供的待遇的基础上科学地预测外部人员的可供给量。

组织外部人力资源供给预测的常用方法如下。

（一）查阅资料

组织可以通过互联网以及国家和地区的统计部门、劳动和人事部门发布的一些统计数据及时了解人才市场信息，另外，也应及时关注国家和地区的政策法律变化。

（二）直接调查相关信息

组织可以就自己所关注的人力资源状况进行调查。除了与猎头公司、人才中介所等专门机构保持长期、紧密的联系外，组织还可以与高校保持长期的合作关系，以便密切跟踪目标生源的情况，及时了解可能为组织提供的目标人才状况。

（三）对雇用人员和应聘人员的分析

组织通过对应聘人员和已经雇用的人员进行分析也会得出未来人力资源供给状况的估计。

总体来说，人力资源供给预测是一个比较复杂的过程，其步骤也是多样化的，但典型

的步骤如下：

(1) 对现有的人力资源进行盘点，了解组织员工状况；

(2) 分析组织的职位调整政策和历年员工调整数据，统计出员工调整的比例；

(3) 向各部门的人事决策者了解可能出现的人事调整情况；

(4) 将上述所有数据汇总，得出组织内部人力资源供给量的预测；

(5) 分析影响外部人力资源供给的地域性因素(主要是地域性因素和全国性因素)，并依据分析结果得出组织外部人力资源供给预测；

(6) 将组织内外部人力资源供给预测进行汇总，得出组织人力资源供给预测。

知识延伸

马尔科夫模型

在当代科学与社会的广阔天地里，人们都可以看到一种叫做随机过程的数学模型：从银河亮度的起伏到星系空间的物质分布、从分子的布朗运动到原子的蜕变过程，从化学反应动力学到电话通信理论、从谣言的传播到传染病的流行、从市场预测到密码破译，随机过程理论及其应用几乎无所不在。人类历史上第一个从理论上提出并加以研究的过程模型是马尔科夫链，它是马尔科夫对概率论乃至人类思想发展做出的又一伟大贡献。

1906年马尔科夫在《大数定律关于相依变量的扩展》一文中第一次提到这种如同锁链般环环相扣的随机变量序列，其中某个变量各以多大的概率取什么值，完全由它前面的一个变量来决定，而与它更前面的那些变量无关。这就是被后人称作马尔科夫链的著名概率模型。用一个通俗的比喻来形容，一只被切除了大脑的白鼠在若干个洞穴间的蹿动就构成一个马尔科夫链。因为这只白鼠已没有了记忆，瞬间而生的念头决定了它从一个洞穴蹿到另一个洞穴；当其所在位置确定时，它下一步蹿往何处与它以往经过的路径无关。这一模型的哲学意义是十分明显的，用苏联数学家辛钦(1894—1959)的话来说，就是承认客观世界中有这样一种现象，其未来由现在决定的程度，使得我们关于过去的知识丝毫不影响这种决定性。这种在已知“现在”的条件下，“未来”与“过去”彼此独立的特性就被称为马尔科夫性，具有这种性质的随机过程就叫做马尔科夫过程，其最原始的模型就是马尔科夫模型。

考核反馈

1. 对“任务引入”案例中和平公司的人力资源需求进行预测。
2. 根据第一题，设计一份德尔菲法所需的调查问卷。

能力拓展

1. 模拟实训，运用德尔菲法对所属系部的学生会干部需求进行预测，形成相关信息。

2. 抽样调查以往学生实习的几家公司，询问其常用的人力资源需求预测方法并作分析。

本章小结

人力资源规划是指组织根据其发展战略、目标及内外环境的变化，预测未来组织的任务和环境对自身的要求，以及为完成任务和满足要求而制定和实施的相应人力资源政策、措施的过程。人力资源规划是组织人力资源发展战略的重要组成部分，是人力资源管理各项工作的起点与依据。

人力资源规划包括人力资源现状的信息收集、人力资源需求预测和人力资源供给预测。其中人力资源现状的信息收集是后续工作的基础。人力资源需求预测是和组织各部门的发展计划紧密联系。人力资源需求预测是否合理是和前期的调查是否正确全面、发展信息是否及时沟通密切相关。人力资源供给预测有很大的可变因素，要求人事工作者学会动态的看待管理环境。

人力资源规划是以其战略目标为基础的，寻求人力资源供给与需求的动态平衡过程。人力资源规划不单单是预测人力资源供给与需求的变化，而是一个依据人力资源战略对组织所需人力资源进行调整、配置、补充的过程，最终目的是要保障组织和个体都得到长期的利益。

从用途及时间幅度来看，组织人力资源规划分长期规划、中期规划和短期规划。人力资源的规划要与组织的总体规模一致，主要取决于组织环境的确定性、稳定性以及对人力素质的要求。通常，经营环境不确定、不稳定或人力素质要求低，从而随时可以从劳动力市场上补充，以短期规划为主；相反，若经营环境相对确定和稳定，而对人力素质要求较高，补充比较困难时，就应当制定中长期规划。

组织人力资源规划制定与实施的程序包括信息收集、分析与预测，确立人力资源的目标与政策，设计和实施各项规划，确保组织能达到其人力资源目标，对各项规划实施情况的控制和评价。

组织人力资源需求定性预测方法主要包括经验预测法和德尔菲法，定量预测方法主要包括劳动定额法、比率分析法和回归分析法等方法。组织人力资源供给预测有内部的供给和外部的供给两个方面，组织内部供给预测的方法主要有人员核查法、管理人员接替模型和马尔科夫预测法等方法。

综合练习题

红叶酒店集团的扩张

一、背景

红叶酒店集团最初只是一家普通的国有宾馆，由于地处国家著名的旅游景点附近，故迅速发展壮大——原有宾馆已经推倒重建成为一家五星级大酒店。集团在此尝到甜头后，先后在4个旅游景点附近收购了4家三星级的酒店。对于新收购的酒店，集团只是派去了总经理和财务部全班人马，其他人员都采取本地招聘的政策。因为集团认为服务员容易招到，而且简单培训就可以上岗，所以只是进行简单的面试，只要应聘者长相顺眼就可以，同时，为了降低人工成本，服务员的工资比较低。

二、问题

赵某是集团新委派的下属一家酒店的总经理，刚上任就遇到酒店西餐厅经理带着几名熟手跳槽的事情，他急忙叫来人事部经理商谈此事，人事部经理满口答应立即解决此事。第二天，赵某去西餐厅视察，发现有的西餐厅服务员摆台时把刀叉经常摆错，有的不知道如何开启酒瓶，领班根本不知道如何处理顾客的投诉。紧接着仓库管理员跑来告诉赵某说发现丢失了银质的餐具，怀疑是服务员小张偷的，但现在已经找不到小张了。赵某一查仓库的账本，发现很多的东西都写着“丢失”。赵某很生气，要求人事部经理解释此事，人事部经理辩解说因为员工流动性太大，多数员工都是才来不到10天的新手，餐厅经理、领班、保安也是如此，所以做事不熟练，丢东西比较多。赵某忍不住问：“难道顾客不投诉吗?”人事部经理回答说：“投诉，当然投诉，但没关系，因为现在是旅游旺季，不会影响生意的。”赵某对于人事部经理的回答非常不满意，又询问了一些员工后发现人事部经理经常随意指使员工做各种事情，如接送人事部经理的儿子上下学、给他的妻子送饭等。如果员工不服从，立即开除。赵某考虑再三，决定给酒店换血——重新招聘一批骨干人员，于是给集团总部写了一份有关人力资源规划的报告，申请高薪从外地招聘一批骨干人员，并增加培训投入。同时人事部经理也给集团总部写了一份报告，说赵某预算超支，还危言耸听造成人心惶惶，使管理更加困难，而且违背了员工本地化政策。

【案例讨论与练习】

1. 赵某的想法是否正确？酒店是否必须从外地雇佣一批新的骨干人员？

2. 赵某应当采取哪些措施以解决酒店目前面临的问题？

3. 酒店的人力资源规划重点是什么？服务员是否需要进行规划，或者等到需要时再招聘？

4. 赵某应当与什么人一起完成酒店的人力资源规划？在进行人力资源规划的过程中，会遇到哪些问题？该如何制定该酒店的人力资源规划？

项目二

工作分析

任务引入

一位厨师不小心把一杯食用油洒在了厨房通向传菜间的路上。厨师长叫这位厨师把洒在地上的油清扫干净，厨师居然没有去执行，理由是他的工作说明书里并没有包括清扫的条文。厨师长顾不上去查厨师的工作说明书上的原文，就转身找来一名切配工来做清扫，但这名切配工同样拒绝，他的理由是他的工作说明书里也没有包括这一类工作。厨师长威胁切配工说不打扫就要把他解雇，因为这个切配工是厨房的临时工。切配工勉强同意清扫，但是干完之后立即向酒店经理投诉。

酒店经理看了投诉后，找出了厨师、切配工和勤杂工的工作说明书。厨师的工作说明书规定：厨师的清洁责任是保持灶台的清洁，使之处于可用状态，并未要求清扫地面。切配工的工作说明书规定：切配工的责任是协助厨师，如提供切配好的各色菜蔬和调料，随叫随到，及时服务，但也没有写明要干清扫厨房的工作。勤杂工的工作说明书中确实包含了各种形式的清扫，但是他的清扫工作范围是在餐厅而不是厨房。

任务分析

从“任务引入”的案例看到：一份不够完整的或者说有漏洞的工作说明书会给工作带来意想不到的困扰，经常出现的状况就是有事没人做和有人没事做的混乱。

以“任务引入”的案例来说，到底应该由谁来打扫厨房通向传菜间的路呢？

经过调查发现：厨师即使没有在过道上打翻油，厨房和传菜间的过道也是会被其他的东西弄脏，也是需要清扫的。每一个餐厅对此类工作都应该有自己的规定，这份规定的文件一般称为“岗位责任书”，比这份文件更具体和更详细的是“工作说明书”。每一个餐厅的工作说明书上必须对清扫工作有合理的场所和责任人的规定。不同类型的餐厅，对从事清扫的具体责任人员的要求各异。如果是一个大型餐厅的话，厨师和切配工的本职主要工作的量会比较大，只能在厨房内完成主要工作，同时大型餐厅需要清扫的像过道一类的场地也会比较多，应该由专门的工作人员负责。如果是一个小型餐厅的话，这个部位的清扫工作应该由谁来做最合适呢？经过调查还发现：除了切配工可以做以外，传菜员可以做，勤杂工可以做，厨师也可以做。

工作说明书的内容一般只是一个工作岗位中的最主要、最经常出现的任务，除了这些任务以外，领导有在一些突发的事情或临时需要解决的任务出现时安排员工工作的权利，员工有接受领导安排完成这些突发任务的义务，这些权利和义务在一个完善的工作说明书中应该得到体现。

要得到一份比较完善的工作说明书，我们需要在编写前做很多的准备，如到有关的岗位上进行调查，找有关人员了解事实，在若干个不太完善的地方找出问题的关键，在大量的现象后面发现真正的原因，这样才能很好地发挥工作说明书的作用，帮助管理者做好工作。

在本项目中，我们的主要任务是：

1. 学习如何取得一个岗位的工作描述和任职资格说明所需要的资料；
2. 了解编写一个岗位的工作描述和任职资格说明的要求；
3. 学习编写一个岗位的工作描述和任职资格说明；
4. 举一反三，学会编写任何岗位的工作描述和任职资格。

任务一　工作分析准备

教学目标

通过学习，理解怎样做好工作分析的准备。

任务引入

汽车销售公司新成立了一个租赁部，人事张经理为人事部的几个专员布置任务：林小姐你是公司的资深员工了，明天你带着3个来实习的大学生去租赁部陈经理那里找下工作信息资料，写一份租赁部的工作说明书给我。一个星期的时间，怎么样啊？

林小姐一听耷拉着脑袋不敢吭气：我们不是搞销售是做人事的，怎么知道他们租赁部做啥事情的呢？等找到租赁部的经理再说吧。3个来实习的大学生高兴坏了：经理啊，写一份租赁部的工作说明书，还4个人，用得着一个星期吗？其中有2个大学生在嘀咕：这工作说明书是干吗用的？

第二天林小姐等一行人找到陈经理说明来由后，陈经理把租赁部的文员挑了几个能说会道的去参加林小姐的座谈会。但是等林小姐他们回到办公室后却觉得陈经理挑来的人尽说自己的岗位如何累、如何苦，要求加工资，没提供有价值的信息。3个大学生把记录的内容对照着工作说明书的条条框框写，总觉得少了太多的东西。

林小姐打电话埋怨陈经理，陈经理觉得很冤枉，你们人事部没给我明确开会员工的要求啊，再说了，开会时要员工讲哪些内容，你们人事部也可以当场问嘛，何必怪我的人员说得不对。

下班的时候，四个人茫然：明天再去找陈经理？

任务分析

人事部在做工作分析之前有很多的准备工作要做。要让从事编写的有关人员和被了解工作活动的人员明白工作分析的意义，同时要让有关的人员了解工作分析的内容，根据这些内容人事部要写一份谈话提纲或者编写书面的问卷，根据提纲去谈话，这样才会节约被访问人的时间，提高谈话的针对性。否则，只能得到一个大概的工作情况，要么写不出工作说明书，要么写出来的工作说明书会让管理者遇上困难，就像在前面“任务引入”案例中出现的问题那样。

知识链接

一、术语理解

（一）任务

任务是指需要完成的具体工作的集合。如电脑输入文件，作为一个任务，打字员需要启动电脑，将需要输入的文件稿纸置于电脑桌边，按照稿纸内容要求逐字逐句输入，再按照格式要求对字体等进行排版，最后检查有无错字漏字，确认无误，关闭电脑。电脑输入文件作为任务是由上述几项工作组成的一个集合。

（二）岗位

岗位是指在一定时间内由一个指定的人和这个人所承担的职责。有时候我们也把岗位叫做职位。岗位以事为中心，强调的不是岗位中的人。

（三）职务

职务是指在组织中一系列相近的或性质相同的岗位。职务和岗位的关系是：有一个员工就有一个对应的岗位，但一个职务可以有多个岗位。如副经理职务可以有 3 个岗位，即 3 个副经理。职务侧重于人的工作，不是工作中的人。

（四）职责

职责是指一个人担任的由一项或几项任务组成的活动的总和。如文员的职责之一是电脑输入文件。

（五）职业

职业是指在一定的时间内不同的组织中的相似的工作群，如教师、医生、护士、电工、司机等。职务和职业的区别在于：职务是对组织内部的工作分工，职业是对组织外部的或者说是对社会而言的工作分工。

二、工作描述的内容和任职资格说明的内容

（一）工作描述

工作描述主要具体解释工作的物质特点和环境特点，大致包括以下几个方面。

1. 职务名称

职务名称是指一个组织对从事一定工作活动所规定的职务名称或职务代号，以便于对各种工作进行识别、登记、分类以及确定组织内外的各种工作关系。

2. 工作活动和工作程序

工作活动和工作程序包括所要完成的工作任务、工作责任、使用的原材料和机器设备、工作流程、与其他人的正式工作关系，接受监督以及进行监督的性质和内容。

3. 工作条件和物理环境

工作条件和物理环境包括工作地点的温度、光线、温度、噪声、安全条件、地理位置、室内环境或室外环境等。

4. 社会环境

社会环境包括工作群体中的人数、完成工作所要求的人际交往的数量和程度、各部门之间的关系、工作点内外的文化设施、社会习俗等。

5. 聘用条件

聘用条件包括工作时数、工资结构、支付工资的方法、福利待遇、该工作在酒店中的正式位置、晋升的机会、工作的季节性、进修的机会等。

（二）任职资格说明

任职资格说明是用来说明从事某项工作的人员必须具备的生理要求和心理要求，主要包括以下内容。

1. 一般要求

一般要求的内容有年龄、性别、学历、工作经验等。

2. 生理要求

生理要求的内容有健康状况、力量与体力、运动的灵活性、感觉器官的灵敏度等。

3. 心理要求

心理要求主要包括观察能力、集中能力、记忆能力、理解能力、学习能力、解决问题能力、创造性、数学计算能力、语言表达能力、决策能力、特殊能力、性格、气质、兴趣爱好、态度、事业心、合作性、领导能力等。

三、工作说明书的作用

工作说明书是对组织中某一特定工作或职务的目的、任务或职责、权利、隶属关系、工作条件、任职资格等相关信息进行收集、分析，做出明确规定，并确认完成工作所需要的能力和资格的文件。

工作分析是人力资源管理的一项基础工作，有着非常重要的作用。工作分析的结果形成工作说明书。一份工作说明书包括工作描述和任职资格说明两个文件。

(1) 工作描述和任职资格说明能告诉我们什么岗位需要什么能力的人，所以工作说明书是有效招聘的前提和依据。

(2) 除了招聘要有工作说明书做依据外，一个组织的培训也是以工作说明书中对工作的要求和说明来做依据的。

(3) 工作说明书同样是绩效管理的依据，员工的绩效中需要完成的任务和标准来自于工作说明书。

(4) 工作说明书还是薪酬设计和分配的依据，薪酬的各项因素和福利内容与工作说明书密切相关。

知识延伸

现在回答这样一个问题：谁来提供工作分析的有关信息？

工作说明书的内容包含大量的工作活动信息，其正确与否直接影响工作分析的质量和成败。由谁来提供工作信息呢，由谁来合理地选取和组织呢？一般来说，通常有三种类型的人可以担当，他们是工作任职者、工作任职者的上级主管和人事管理工作者。

一、工作任职者

从对信息的了解程度来看，担任被调查职务的工作任职者对工作内容了解最多，他们有可能提供关于工作的完整的信息，有可能提供关于工作的最真实、最可靠的信息。为什么说有可能呢？因为有时候工作任职者受到知识和能力的限制不完全了解工作的内容，也有一部分工作任职者不愿意报告工作的内容；更有工作任职者会有目的地夸大自己的工作量和工作范围，以此作为获取更多报酬的依据。因此，人力资源部门必须认真的挑选被调查者。

一般来说，被调查者需要满足以下条件。

(1) 自愿参加调查活动，这样被调查者在工作分析中才有比较高的兴趣和热情。

(2) 被调查者必须具有比较好的口头交流能力和书面表达能力。

(3) 被调查者至少在待分析的岗位上工作 6 个月以上，这样他们才有可能提供关于该岗位的比较全面和准确的信息。

(4) 被调查者的业务水平属于中等，而且比较稳定。成绩优异的工作任职者提供的信息可能超过一般要求，而成绩过低的工作任职者提供的信息可能达不到基本要求。

当某个职位上的工作任职者的数量较少时，可以请所有符合要求的人提供工作信息；当某个职位的工作任职者数量较多时，可以对符合要求的工作任职者进行抽样，抽样时要考虑性别、年龄、工作时间、工作地点等方面的因素，保证样本具有代表性。使用工作任职者提供信息的最大好处是他们能够描述工作实际上是怎么做的，而不是工作应该怎样做。这一点能够与其他的渠道信息形成对照和互补。

二、工作任职者的上级主管

工作任职者的上级主管负责监控工作任职者工作的质量，他们最有机会观察工作任职者的工作，能够客观地提供工作信息。工作任职者的上级主管知道下属应该做些什么，并能对下属的工作活动做出比较全面的评价。工作任职者的上级主管一般倾向于从工作任职者"应该"怎样做的角度去描述工作任职者，所以他们在收集工作信息的过程中主要承担的是对工作任职者提供的信息做出鉴别，哪些信息是多余的，哪些信息是必须的和重要的。

三、人事管理工作者

人事管理工作者可以来自于组织内部，通常是人力资源部门的员工或业务部门的管理员；也可以来自于组织外部的专业机构。无论来自内部还是外部，他们都有一个共同的特点，就是他们都经过专门的训练，能够系统地收集和分析工作信息。人事管理工作者一般都需要事先接受一种或几种工作分析方法的训练，通常采用多种方法来收集工作信息。究竟需要请外部的专业人才还是由内部的专业人员来实施工作分析的操作要根据具体的情况来定。在很多的组织中没有受过专门训练的专业人员来操作工作分析的过程，这些组织也不愿花时间培训专业人员，因为工作分析一旦做好，可以在较长的一段时间内使用，使用中需要做的只是一个修改和补充。在这样的情况下，请外部的专业人才来进行工作信息收集和整理就显得更经济。

考核反馈

1. 与员工进行工作分析的谈话时员工经常会产生什么心理？
2. 怎样消除对员工在工作分析调查时的不良心理？

能力拓展

说一说如何在写工作说明书之前和有关人员进行沟通？

任务二　工作分析的资料收集

教学目标

通过学习，使学生掌握如何取得一个岗位的工作说明书和任职资格说明所需要的资料。

任务引入

第二天，林小姐他们四个人决定继续去找租赁部的人，不过林小姐在晚上看了一些有关的人力资源管理书籍，觉得现在的问题出在人事部。她和陈经理商量：我过两天再来找昨天的那些员工谈话，不过想先给他们做个书面的问卷，你看好吗？陈经理不知道林小姐有什么样的问卷要员工做，只能回答：你试试看吧，不满意不要怪我哦。

任务分析

人事管理工作者在做工作分析前先要做好对应工作的信息收集，这个过程称为“工作分析资料调研”。如何获得相关工作的信息呢？常用的方法有问卷法、观察法、工作日志法、职务见习法、面谈法。在目前的任务中，我们主要学习的是问卷法、观察法和访谈法。

人事部在收集工作信息时有很多的方法可以采用：既可以像林小姐想做的那样请员工做书面问卷，也可以像林小姐先前做的那样召开员工座谈会。但不管采用哪种方法，必须事先做好准备。如先写好问卷，或者先写好座谈提纲。否则，收集来的信息与需要的信息差距很大，因为提供信息的员工不知道人事部需要的是哪些材料，也无法在短时间内做充分的准备，而导致林小姐座谈会失败的原因恰恰是因为员工的准备不足。

知识链接

一、问卷法

问卷法一般要先设计一些让被调查者书面回答的问题，然后由工作分析人员根据回收的答卷来做统计分析。统计的任务对象主要是工作特征、工作行为和工作人员特征，任务对象出现频率的高低是判断该项任务对象在该工作中的重要性和可靠性的信息依据，按照重要性和可靠性的次序我们可以来确定该项工作需要做分析的具体内容。

（一）一般工作问卷法

问卷法主要可以分为一般工作问卷法和指定工作问卷法两种。

一般工作分析问卷法适合于各种工作，问卷内容没有特定的工种相关性。

我们把“任务引入”中林小姐他们要做的调查用一般工作分析问卷法做一个应用（参见表 2-1）。

表 2-1　工作分析一般问卷

1. 职务名称________。				
2. 比较适合任该职务的性别是________。				
A. 男性	B. 女性	C. 男女均可		
3. 最适合任该职务的年龄是________。				
A. 20 岁以下	B. 21—30 岁	C. 31—40 岁	D. 41—50 岁	E. 51 岁以上
4. 能胜任该职务的文化程度是________。				
A. 初中以下	B. 高中、中专	C. 大专	D. 本科	E. 研究生以上
5. 该职务的工作地点在________。				
A. 本地市区	B. 本地郊区	C. 外地市区	D. 外地郊区	
6. 该职务的工作主要在________（指 75%以上时间）。				
A. 在室内	B. 在室外	C. 室内外各一半		
7. 任该职务者的工作时间一般在________（指 75%以上时间）。				
A. 白天	B. 晚上	C. 兼有白天和晚上	D. 节假日为主	
8. 该职务工作信息来源主要是________。				
A. 视觉材料（文件、图表、财务数据、照片、数字显示、信号灯）				
B. 听觉材料（语音广播、公共场所混杂音、乐曲等）				
C. 触觉材料（手感温度、湿度、光滑度、柔软度等）				
D. 模型装置（模型、模式、模板等）				
E. 测量装置（气压表、气温表等各种表具）				

（二）指定工作问卷法

指定工作问卷法适合于各种指定的工作，问卷内容具有特定性，一张问卷只适合于一种工作。

我们再把林小姐要做的调查用指定工作问卷法做一个介绍（参见表 2-2）。

表 2-2　工作分析指定问卷（租赁部车务主管）

说明以下职责在你工作中的重要性（最重要的打 10 分，最不重要的打 0 分，标在右侧的横线上）。
1. 熟悉各种车型的租赁价格____________
2. 接待好每一个租车客人____________
3. 接受客人询问及呼唤____________
4. 按规定为租赁车辆清洗加油、维修保养____________
5. 正确记住不同类型和型号车辆的不同性能____________
6. 掌握工作中经常遇到的必要的商务、法律知识____________
7. 善于微笑____________
8. 整理客户名单____________
9. 满足客人事先提出的要求____________

10. 做好车辆上牌、保险____________
11. 参加在职培训____________
12. 讲话口齿清楚____________
13. 熟练运用统计工具，分清不同报表的编制方法____________
14. 及时验车____________
15. 思路清晰____________
16. 向经理汇报工作____________
17. 每天总结自己的工作____________
18. 每天锻炼身体____________
19. 对车辆附件进行管理____________
20. 不怕脏和苦____________

二、观察法

观察法是指工作分析人员在工作现场运用感觉器官和工具，为获取工作信息而有目的地观察工作者的实际工作情况的方法。记录工作信息的过程可以是用文字和图表的形式，也可以采用摄像、录像等方法。记录的信息主要是工作内容、工作间的相互关系、人与工作的关系以及工作环境、条件等方面。记录结束要进行分析、归纳和总结。

（一）观察法的优点

1. 比较全面

观察法要求工作分析人员对各种可以被观察的工作活动做全面观察，进而使工作分析人员能够比较全面和深入地了解部分岗位的工作信息。

2. 方法多样，效率明显

在观察分析中，工作分析人员可以深入到工作现场，借助于人体感官对某些特定对象的作业活动进行直接观察，同时还可以借助于各种测量和记录设备（如照相机、录音机、摄像机等）。这些工具可以提高可靠性和效率。

（二）观察法的缺点

观察法只适合于那些以可见动作为主的职位，如警察在指挥交通、老师在上课、厨师在炉灶边烧菜、服务员在清洁客房等。而对于脑力劳动成分比较高的职务则无法进行观察，如财务经理在思考资金筹备计划、营销经理在思考销售问题等。

观察法只适合于那些活动范围不大的职位。对那些职务活动范围很大的职位的观察会增加分析工作的人力、物力和时间的消耗，难度较大。如警察抓捕罪犯、驾驶员开车在公路上。

对于一些特设环境中活动的职位难以运用观察法进行分析。如对重要客人的接待工作是不容许无关人员出现的，消防员在救火也是不允许被观察的。

观察法难以获得员工的合作。对于一些工作者来说，工作时身边有人在进行观察或记录会产生不愉快的心理，他们会觉得自己受到威胁或干扰，同时也可能造成动作变形。

仅仅用观察不能得到有关任职者资格要求的信息。

（三）运用观察法的注意事项

1. 事先和工作任职者进行充分的沟通

工作分析人员作为观察者在场对于工作任职者来说有一种社会心理因素的影响，这可能引起工作任职者形形色色的反应，如紧张、分心、预警、扮伪等，从而影响观察结果的真实性。为了能够观察和记录到真实、自然的职务活动信息，工作分析人员既可以采取隐蔽的措施，也可以采用开诚布公、充分沟通的态度。隐蔽的措施主要是隐蔽观察的意图或者观察者的身份以消除工作任职者的预警心理和扮伪策略；充分沟通的态度是事先明确观察分析的意图和意义，以求得工作任职者真诚合作。一般来说，我们倾向于第二种方法。

2. 一分为二地看待观察结果

由于工作任职者会受到各种心理因素的影响，工作分析人员对于观察所得到的信息的准确性不能估计过高，即使是物理测量，其精确性也并不等于观察结果的准确性，不能过于迷信物理测量的手段。

3. 力求结构化

所谓结构化，就是观察前要有详细的观察提纲和行为标准，事先要确定观察内容、观察时刻、观察位置。观察内容要全面，如工作的目标、任务、使用设备、工作时间、上下级关系、体能要求、工作环境等。观察时刻可选用瞬时观察和定时观察。观察位置的选择要确保能够观察到对象的全部行为而又不至于影响对象的正常工作。观察和分析相结合，避免机械记录，记录应抓住工作的有关内容，并对工作信息进行比较和提炼。

（四）观察法的注意事项

（1）被观察的工作应相对静止，即在一段时间内，工作内容、工作程序、对工作人员的要求不会发生明显的变化。

（2）观察法适用于大量标准的、周期短的以体力活动为主的工作。如学校的门卫值勤、餐厅服务员布置餐桌、车工开动车床设备加工零件等。

（3）要注意工作行为样本的代表性，有时候有些行为在观察过程中可能未表现出来。

（4）工作分析人员尽可能不要引起工作任职者的注意，至少不应干扰工作任职者的工作。

（5）观察法不适用于以智力活动为主的工作。

（6）观察前要有详细的观察提纲和行为标准。

（五）观察法的观察提纲

在运用观察法时一定要有一份详细的观察提纲，这样在观察时工作分析人员才能及时地进行记录，表 2-3 是观察提纲的一个例子。

表 2-3　工作分析观察提纲（一般岗位）

被观察者姓名：________	日期：________
观察者姓名：________	观察时间：________
工作类型：________	工作部门：________
观察内容：	

1. 准备多少时间开始正式工作？__________
2. 几点开始工作？__________
3. 上午工作多少小时？__________
4. 上午有无休息？__________
5. 休息时间从__________到__________
6. 上午完成多少任务(接受问讯次数、加工零件数量、布置餐桌个数)__________
7. 平均多少时间完成一件任务？__________
8. 有无与同事交谈？__________
9. 每次交谈约多少分钟？__________
10. 工作中遇到什么困难？__________
11. 全天出现几次差错？__________
12. 下午工作多少小时？__________
13. 有无向领导汇报工作？__________
14. 工作时间有无离开岗位外出？__________
15. 离开时间有多久？几次？__________
16. 离开的原因？__________

三、访谈法

访谈法是工作分析人员通过当面询问而获取工作信息的方法。访谈的对象可以是工作任职者本人,也可以是工作任职者的上级主管。访谈可以采取个别的形式,也可以群体座谈。访谈的内容可以是标准化的,也可以是非标准化的。访谈法是最广泛应用的工作分析方法。

(一) 访谈法的优点

双向及时的交流。通过访谈,工作分析人员能得到需要的信息,也可以向工作任职者解释工作的必要性和功能,同时也可以部分地消除工作任职者的工作压力。

比较具体和准确。一般来说,工作任职者对于自己工作的特征是比较熟悉的,也最有发言权,由工作任职者描述自己的工作内容容易使工作分析人员得到具体而准确的信息。

广泛深入。在访谈过程中,工作分析人员能够得到比其他方法更多的来自于工作任职者的合作,可以对工作任职者的心理状态与工作动机等深层次的信息有比较详细的了解。作为一种运用最为广泛的工作分析方法,访谈法能够简单而迅速地收集多方面的工作信息。

(二) 访谈法的缺点

对工作分析人员的要求高。工作分析人员的访谈技巧直接关系访谈的效果。执行访谈的工作分析人员要有多方面的知识和能力,并且需要经过专门的训练。

工作成本高。访谈法的前期准备工作比较费时,要花一定的精力去准备谈话的提纲和应变的内容。

员工被访谈的容易把访谈当成是对自己工作的业绩考核,并因此而故意缩小或夸大自己的工作责任。

(三) 运用访谈法的注意事项

事先培训工作分析人员中执行访谈工作的人员,以便对访谈术语和回答提问有系统的认识。

事先与被访谈的工作任职者进行沟通。一般在访谈前三天通知被访谈的工作任职者,使其对工作内容有时间进行总结回顾。

事后信息确认。在访谈过程中,工作分析人员应就被访谈的工作任职者提供的信息及时要求其确认,访谈结束后,所有的信息要点都必须得到提供者的认可。

工作分析的方法有很多,在具体操作时,多种方法结合使用能够全面有效地反映工作的真实情况。

知识延伸

"玛丽我一直想象不出你究竟需要什么样的操作工人?"海湾酒店人力资源负责人约翰说:"我已经给你提供了四位面试人选,他们好像都还满足工作说明中的规定的要求,但你一个也没录用。""什么工作说明?"玛丽答道"我所关心的是找到一个能胜任那项工作的人。但是你给我派来的人都无法胜任,而且我从来就没有见过什么工作说明。"

约翰给玛丽一份工作说明,并逐条解释给她听。他们发现,要么是工作说明与实际工作不相符,要么是它规定以后,实际工作有了很大变化。例如,工作说明中说明了有关老式电梯的维修经验,但实际中所使用的是一种新型电梯。为了有效地维修这种新电梯,操作工人们必须掌握更多的自动化知识。

听了玛丽对操作工人必须具备的条件及应当履行的职责描述后,约翰决定从维修工的工作分析开始。

(资料来源:《人力资源管理实务》,顾沉珠)

考核反馈

1. 对学校的宿舍管理员进行问卷调查,写出一般问卷提纲和指定问卷提纲。

2. 对学校的门卫或保安进行观察,写出观察提纲。

能力拓展

1. 说一说访谈法和问卷法的区别。

2. 思考怎样将访谈法和观察法相结合对一个具体的岗位做工作分析的资料进行准备?

3. 给"知识延伸"案例中玛丽的工作分析选择一些信息收集的方法。

任务三　工作分析的实施时机和流程

教学目标

通过教学，使学生掌握一个岗位的工作分析的实施时机和全部流程。

任务引入

林小姐和她的同事们通过对租赁部近十个员工的问卷调查和访谈，基本了解了该部门的工作信息，两个来实习的大学生自告奋勇对林小姐说写工作说明书和任职资格说明他们两个人包了。林小姐刚要点头同意，忽然又想起了什么，对三个大学生说“且慢……”

任务分析

在很多的企业里是没有工作分析的，为什么呢？第一，因为工作分析要花较多的时间。第二，人力资源部门不知道何时去做工作分析才是适合的。第三，人力资源部不知道从何处开始入手。往往是当需要的时候，已经来不及做了，有时间可以去做的时候，又不觉得有必要。

在本任务的“任务引入”中，工作分析的调查时机选择得很好，但是林小姐还应该让几个来实习的大学生把调查来的信息资料进行一次仔细的筛选。筛选的依据是多方面的：一是依据有关的工作特征、工作人员特征的信息按照重要性以及发生频率做出取舍；二是要发现有关工作和任职人员的关键信息；三是要会归纳出工作分析所需要的材料，所有的信息材料筛选的最后一步是送到租赁部的陈经理处进行确认。

知识链接

一、工作分析的实施时机

我们在本项目的“任务一　工作分析准备”中给大家介绍的是人力资源部门接到一个任务，给新设立的租赁部做一个工作分析，我们还在本项目的“任务引入”中给出一个案例，酒店餐厅的工作职责不清，需要做一个餐厅厨师和切配工的工作分析。那么究竟何时需要做工作分析呢？

下列情形下人力资源部门要做工作分析。

(1) 在遇到新成立的部门时需要做工作分析。否则,招聘新员工就缺乏用人标准。

(2) 部门内的交叉岗位需要分清职责时需要做工作分析。如果不做,工作效率会低下或业务流程会受阻。

(3) 组织内部有新的机器设备或新的工作流程运用时需要再做工作分析。如果不及时更新,原有的工作信息与现实不符,就会导致管理环节的失败,原有资料难以发挥作用而成为摆设。

二、工作分析的流程

工作分析一般有四个阶段,即准备阶段、实施阶段、结果形成阶段和反馈阶段。

(一) 准备阶段

准备阶段的工作除了在“任务一”中的介绍,还包括:确定工作分析的目的和重点,制订实施方案,选择收集和工作分析的方法,确定要想了解的工作范围和了解对象。

(二) 实施阶段

实施阶段的内容包括与既定的有关人员交流、制订实施计划、收集相关信息并加以分析筛选。

实施计划的主要内容包括:时间安排,待分析岗位确认,参加人员(包括工作分析操作人员和被调查的人员)工作进度。

相关信息分析包括:职位名称分析、工作内容分析、工作环境分析和工作任职者资格分析。

(三) 结果形成阶段

结果形成阶段的主要任务是通过分析比较,和有关人员一起审查和确认工作信息,进而形成工作说明书。

(四) 反馈阶段

反馈阶段是指在实际管理活动中使用工作分析的结果——工作说明书,并在使用中发现不足加以改进调整。

知识延伸

A公司的工作分析方案

一、A公司现状

A公司是一家已有近三十年历史的国有企业,主要从事进出口贸易,其年进出口总额在全行业中排名一直很靠前，享有很高的知名度。

但是，随着中国加入 WTO，A 公司面临着越来越大的经营压力。目前，该公司的平均营业收益率为 5%，而且还存在着较大的交易风险。

从该公司的经营状况来看，公司的销售收入逐年大幅下降，收益率越来越低，而且近年来，投资失误接连不断，法律纠纷也时有发生，银行信用大打折扣，几乎降到零点。企业经营出现问题，员工的收益自然也受到影响，个人收入年年下降。员工收入下降，导致情绪低落，纪律涣散，并且谣传公司即将破产，员工纷纷暗中寻找“退路”。

为了应对企业出现的这些情况，公司请某知名咨询公司帮助诊断，公司期望通过外部专家的介入和工作，找出问题症结所在，以便对症下药，使公司重新焕发青春。通过调查分析，咨询公司认为 A 公司主要存在以下问题。

(1) 公司高级管理人员定位失误，片面理解集中管理的优点，过分强调与纠缠于操作管理，加上缺少战略性规划，因而导致决策失误的风险加大，授权的失效禁锢了多数中低层管理者和员工的工作积极性和创造性。

(2) 管理层次过多、纵向太深，造成组织效率低下，信息渠道严重受阻。高层管理者代替中层管理者行使职能，出现权责混乱，进一步加深了组织效率的恶化程度。

(3) 因人设岗，造成机构臃肿。全公司副经理级别人员 39 人，达到近 40% 的百分比。非生产性人员过度膨胀，达到 50% 以上。

(4) 职能部门，包括经理办公室、行政办、人事部、财务部等未尽其责，致使高层管理者在决策过程中缺乏政策参考、统计支持和相关信息基础。

(5) 职能部门人员的绩效无考核标准，而且工作得不到其他部门人员的认可，被认为是吃“闲饭”的，相关员工无工作积极性。

(6) 忽视人力资源综合开发。由于职责划分不明确，组织功能不健全，员工普遍存在角色模糊，操作推诿、扯皮现象严重。

(7) 以人为控制为主要内容的财务制度、人事制度、考勤制度、奖励制度等存在着严重的随意性，制度形同虚设，权大于法，员工失望、不满。

(8) 经济责任制没有考核到个人，又不与所在部门整体效益挂钩，因而大锅饭的弊病依然存在。

总之，A 公司的主要问题是组织的职能机构功能不清，岗位职责不明。需要进行工作分析，重新划分职能部门，确定工作流程，明确职责权限。

二、A 公司人力资源状况和工作分析计划

该公司现有员工总数 107 人。其中，16 人服务于 7 个国内外机构，4 个直属专业分公司共有经理人员及业务员 42 人，储运部 4 人，财务部 11 人，房地产公司 6 人，后勤 5 人，总经理办公室 8 人，人事部 2 人，行政部 5 人，企业部 4 人，副总经理 3 人，总经理 1 人。全体员工 65% 以上具有大专以上文凭，主要集中在业务部门和管理层。该企业在各外部机构设经理 1 名，3 个分公司各设总经理及副总经理 2 人，下属有关分支机构各设负责人 1 人。其他部门各设经理 1 名。3 名副总经理中有一人由党委书记兼任，实行总经理法人代表负责制。通过调查分析，咨询公司认为 A 公司的组织结构设计需要加以完善，为此，对各部

门的工作职能要进行分解，明确界定各个职位的职责与权限，确定各个职位的主要工作绩效指标和对任职者的基本要求，也就是说，要进行工作分析和工作设计。

双方经过认真讨论，确定工作分析要完成以下内容：

(1) 了解各个职位的主要职责与任务；

(2) 根据新的组织机构运行的要求，合理清晰地界定职位的职责权限以及职位与组织内外的密切关系；

(3) 确定各个职位的关键绩效指标；

(4) 确定对工作任职者的基本要求。

工作分析的最终成果是形成具体的《职位说明书》。在工作分析中将使用的方法有资料调研、工作日志法、访谈法、职位调查表和现场观察法。工作分析由咨询公司团队与A公司有关人员一起组成工作分析项目组来开展，本次工作分析主要分为三个阶段进行，即准备阶段、实施阶段和结果整合阶段。

第一阶段：准备阶段

(1) 成立工作分析领导小组(由A公司领导担任组长，咨询公司派人参加)。

(2) 成立工作分析工作小组(由A公司员工和咨询公司员工组成)。

(3) 对现有资料进行研究。

(4) 选定待分析的职位。

(5) 设计调研用的工具。

第二阶段：实施阶段

(1) 召开员工会议，进行宣传动员。

(2) 对参加工作分析工作组的A公司员工进行培训。

(3) 制订具体的调研计划。

(4) 记录工作日志。

(5) 实施访谈和现场观察。

(6) 发放调查表。

第三阶段：结果整合阶段

(1) 对收集来的信息进行整理。

(2) 与有关人员确认信息，并做适当的调整。

(3) 编写工作说明书。

考核反馈

1. 请你设想一下在本任务的“任务引入”中林小姐会对3个大学生说些什么？

2. A公司实施工作分析的时机属于哪一种？它的方案是否可行？

能力拓展

假如你是新来的大学生，给林小姐所在的公司写一份租赁部工作分析的实施流程。

任务四　工作分析的结果形成

教学目标

通过教学，使学生掌握通用岗位的工作说明书的编写。

任务引入

林小姐终于和她的同事们进入了编写工作分析的阶段，他们一起把经过审查和确认信息后的内容作了归纳，随后四个人作了分工，林小姐和大学生小张编写工作说明书，另外两个大学生小李和小甘编写任职资格说明。林小姐问小张："你认为工作说明书比任职资格说明难写吗？""那当然啦，否则为什么你要和我一起写呢？"小甘不以为然，"任职资格说明才又重要又难写呢！我……"林小姐打断了他们的争论："不用争啦，写了才知道，开始吧。"

任务分析

经过调查分析和信息收集筛选，工作分析进入了最后的流程，怎样才能把辛苦得来的信息全面、准确地反映在工作分析的成果——工作说明书上，这是一件技术含量很高的工作。

一般来说，我们在制定工作说明书时要明确以下几个问题。

1. 正确描述工作目标

正确描述工作目标包括设立该岗位的目的、该岗位的管辖范围和该岗位的工作内容。

2. 确定工作职责

确定工作职责是保证工作内容完成的效率，如果有多个职责，要按照主次顺序来写。

3. 指明该工作的关键能力

指明该工作的关键能力是保证工作完成的质量所在，如销售人员的关键能力是说服客户和吸引客户，影响客户的判断，而销售经理的关键能力是保持现有客户和发展潜在客户。

知识链接

工作分析的书面结果是一份工作说明书。在任务一的"知识链接"中已经介绍过工作说明书的主要内容，这里再次进行强调。工作说明书的内容是关于一个岗位的工作描述和任职资格说明。

工作描述的内容包括以下几个方面。

1. 职位信息

(1) 职位名称(又称岗位名称)。

(2) 职位编号。

(3) 直接上级。

(4) 直接下级。

(5) 同级同事。

(6) 工资等级。

(7) 岗位定员。

2. 工作活动内容

(1) 工作职责。

(2) 工作任务。

(3) 工作权限。

(4) 所用工具。

3. 工作环境

(1) 物理环境。

(2) 社会环境。

4. 考核标准

任职资格说明的内容包括以下几个方面。

1. 一般要求

一般要求的内容包括年龄、性别、学历、工作经验等。

2. 生理要求

生理要求的内容包括健康状况、力量与体力、运动的灵活性、感觉器官的灵敏度等。

3. 心理要求

心理要求的内容主要包括观察能力、集中能力、记忆能力、理解能力、学习能力、解决问题能力、创造性、数学计算能力、语言表达能力、决策能力、特殊能力、性格、气质、兴趣爱好、态度、事业心、合作性、领导能力等。

知识延伸

一、工作说明书的编写要求

(1) 根据经过整理的工作信息，草拟工作描述和任职资格。

(2) 将草稿与实际工作对照，并请有关人员审核。

(3) 根据对照审核结果决定是否需要再次进行信息收集。

(4) 修改经过对照的草稿或再次进行信息收集补充，最后完稿。

(5) 不断听取用于实际的工作说明书的反馈意见并进行完善。

二、工作说明书的编写步骤

(1) 尽量选择语意明了的文字,用语不发生歧义和模棱两可的现象,避免采用“一些”、“许多”等模糊型量词。

(2) 专业词汇和术语要有说明,加注释。避免非专业从业人员发生理解错误。

(3) 工作描述要能说明具体特性,要能和其他的工作相区别。

(4) 尽量使用统一格式,避免重复和遗漏。

(5) 工作职责的格式以“动词＋目标(成果)”的形式来表达。如对门卫工作职责的描述:检查进出人员的证件,阻止无证人员的进入。

(6) 尽量考虑阅读的方便,不采用对一个任务或职责的多页叙述。

考核反馈

林小姐和她的同事们写出了这样一份工作分析报告,请阅读后给出评论。

租赁部车务主管的工作说明书

一、职位信息

(一) 职位名称:租赁部车务主管

(二) 职位编号:8001

(三) 直接上级:租赁部主任

(四) 直接下级:租赁部车务组员工 58 名

(五) 同级同事:租赁部其他主管 4 名

(六) 工资等级:主管一级

(七) 岗位定员:一名

二、工作活动内容

(一) 工作职责:负责公司的汽车租赁业务管理和下属员工管理。

(二) 工作任务

1. 根据公司的车辆状况,分析市场需求,编写工作计划。
2. 熟悉公司的车辆状况,及时安排调度汽车满足新老客户的租车需要。
3. 保持与重点客户的联系,发展潜在客户。
4. 与交通管理部门沟通,及时掌握交通变化对运营部门的要求。
5. 执行利润指标和油耗指标。
6. 管理车务组的员工(招聘管理、培训管理、绩效考核、奖金分配)。

(三) 工作权限

1. 市场营销分析计划的执行,租赁合同的审核和批准,赢利指标的执行。
2. 车务组员工管理。
3. 设备更新的申请,油耗指标的制定。

(四) 所用工具：移动电话 1 部、固定电话 1 部、个人电脑、传真及打印机各 1 台、写字台 1 张、文件柜及保险箱各 1 个。

三、工作环境

(一) 物理环境：室内和室外工作各半，有汽车发动机噪声污染，有汽车尾气排放污染，无生命危险。自然光线为主。本市工作为主，偶然出差，地区以江浙皖赣为主。

(二) 社会环境：租赁部内部员工分布在出纳、接待、合同管理和驾驶员四个部门，共计 58 人。公司内部与财务部、汽车修理部接触密切。公司外部需要和租赁客户、保险公司业务员、通用汽车公司办公室、公安局交警支队保持良好的关系。客户对象散客和团队不论。

租赁部车务主管的任职资格说明

(一) 一般要求

年龄范围在 28—45 岁；男性优先。

管理或经济类大专以上学历。

有 3 年以上驾龄及 2 年以上运输企业管理经验，熟悉周边城市交通道路。

(二) 生理要求

健康状况符合驾驶员体检要求，无传染性疾病。

(三) 心理要求

有良好的分析问题能力和市场判断力，良好的人际沟通能力和语言表达能力。有团队管理能力和协调性。性格决断，有进取心和事业心。

能力拓展

1. 采访一家酒店，并给下列岗位做出工作分析：

(1) 总经理秘书　(2) 营销部销售员　(3) 人力资源管理员　(4) 前厅接待　(5) 客房部领班　(6) 餐厅服务员　(7) 门童　(8) 设备科维修工

2. 应用题

(1) 在任务二“知识延伸”的案例中

① 海湾公司找不到合格工人的原因是什么？

② 约翰为何决定从工作分析入手？

③ 约翰如何进行这项工作分析？

(2) 在本项目开始的“任务引入”中

① 对于服务工的投诉，你认为该如何解决？有何建议？

② 如何防止类似意见分歧的重复发生？

③ 你认为该公司在管理上有何需改进之处？

本章小结

工作分析是人力资源管理的一项基础工作，有着非常重要的作用。

取得工作分析的主要方法有问卷法、访谈法、工作日志法、观察法和实践法。

工作说明书的内容包含大量的工作活动信息，其正确与否直接影响工作分析的质量和成败。

工作说明书和任职资格说明是工作分析的结果。提供工作分析的信息并且合理地选取和组织，通常有三种类型的人来担当，他们是工作任职者、任职者的上级主管和人事管理工作者。

工作分析是人力资源管理的一项常规工作，其内容需要经常的更新和调整，以适应不断变化的工作内容。

综合练习题

1. 名词解释

工作分析　　工作说明　　任职资格说明　　问卷法　　访谈法　　观察法

2. 辨析题

(1) 工作分析的结果是任职资格说明和工作过程说明。

(2) 问卷法和面谈法的使用范围正好一致，所以能用面谈法的时候最好省掉问卷法。

项目三

员工招聘

任务引入

在服装进出口公司中有两个业务经理的空缺职位，张华和麦沙同时被录用了。他们拥有同样让人称道的 MBA 学历，在专业能力上也是旗鼓相当，只是张华的工作年份比麦沙多了一些。一年之后，绩效考评的结果是麦沙的绩效在中等水平，而张华的绩效不能留用在原岗位。同事反映张华在管理中重点抓不准，缺乏对大客户的管理能力，同时对别人的建议也很少听取；麦沙能够较好地与客户沟通，也能积极听取他人的建议，只是业务的开发能力欠佳。

任务分析

招聘工作是整个人力资源管理的基础，一个优秀的员工从被发现到吸引其为本组织有效工作，这是对招聘工作最大的奖赏。如何在众多的应聘者中找到组织需要的员工是一件颇费心思的事情，机遇是一个因素，更重要的是招聘工作人员的技能和努力在起作用。在“任务引入”中的两位业务经理，如果没有一年之后的绩效评价作为招聘的后续故事，我们又怎么能来评价当时的招聘成功与否？如果在当初的招聘时能有效进行筛选，那么张华的失败就是可以避免的，也许在其他的岗位上张华的能力可以得到更大的施展空间。所以，招聘合适的员工对组织和个人来说同样是一件十分重要的工作。

在本项目中，我们的主要任务是：

1. 学会一个组织的人员需求信息采集和需求计划的编写；
2. 学习一个岗位的招聘广告编写；
3. 学习广告发布时的媒体和场所选择；
4. 学会对不同的应聘者的简历进行筛选；
5. 学会对不同的应聘者进行面试。

任务一　招 聘 准 备

教学目标

通过学习，使学生了解一个组织的人员需求信息采集和需求计划编写。

任务引入

新成立的汽车租赁公司要补充一些员工才能对付日益繁忙的业务，招聘专员林小姐接到人力资源部经理布置的任务：为租赁部招聘 1 个业务副经理，10 个业务员，明天要拿出一个计划来。3 个来实习的大学生写完了租赁部的工作分析，正愁没事干，听说要招人了，个个兴奋不已，立即准备写招聘广告，林小姐却对他们说：不急，我们先来确定招聘流程，先写一个招聘计划。招聘流程？还有招聘计划？这下 3 个实习生没有了方向。

任务分析

在人力资源管理工作中，招聘工作是一项基础性的工作，离开了通过招聘获得的员工，人力资源管理的其他工作就没有了对象和意义。招聘工作看上去简单，但要收到预定的效果就需要做很多的准备工作才行。首先要确定招聘计划，然后根据招聘计划发布招聘信息，再按照招聘信息规定的时间接待和选拔应聘人员，最后发出录取通知书。选拔是招聘中的重要环节，选拔的方式有很多，其中笔试、面试、心理测试和情景模拟是最主要的方法。面试的各类方式和技巧运用好了才能对选拔人才有所帮助。人力资源部门和用人部门在招聘工作中有很多的分工，做好分工合作招聘才能有效。

如何确定招聘计划呢？根据工作实践的要求，在进行招聘工作前必须先弄清楚以下几个问题：

(1) 什么岗位缺少人；

(2) 缺少几个人；

(3) 这些人需要具备什么样的条件；

(4) 将在何时需要他们上岗工作；

(5) 将从什么地方得到这些人力资源的补充。

这些问题的答案是从人力资源规划和职务分析中得到的。有了这些前提条件，就可以着手制订招聘计划了。

知识链接

招聘计划的内容一般包括此项招聘的目的、求职职务描述、求职人员的标准和条件、招聘对象的来源、传播招聘信息的方式、招聘工作负责人员、参与面试人员、招聘的时间、新员工入职的具体时间、招聘经费预算等。因为招聘计划涉及的部门和人员比较多，所以制订招聘计划是一项需要有一定管理经验才能胜任的工作，大型组织一般由人力资源部经理和招聘专员一起设计完成，小型组织一般由人力资源部经理和组织负责人事的主要领导共同决定计划内容，人力资源部经理和助手一起完成写作。

招聘计划的难度在于每一项具体的内容都不是独立于其他的内容，而是和其他的内容相辅相成的，招聘面试的参与者必须和被面试的人员的地位一致。如被面试的人员是来应聘经理职位的，面试时参与的人员只是人力资源部经理以下的人员，而给一个文员做求职面试，却是由总经理来面试，这样的计划就很不成功。再如，一个工厂希望新员工月底能上班，月初才发布招聘信息，等待求职者投档的时间不到一周，连简历筛选也没有足够的时间了，甚至于局促到连通知面试也只有一两天的时间，万一求职者来不及联系或其另有安排一时赶不上，那只有重新来制订计划了。

知识延伸

租赁公司招聘计划

由于新成立的租赁公司业务人员缺乏，根据需要向社会招聘管理人员和业务人员，具体安排如下：

- 招聘起止时间：2010 月 9 月 1 日—2010 月 10 月 30 日。
- 招聘负责：人力资源部经理对全程总负责，租赁部经理及各组组长配合面试及选拔。
- 招聘岗位及人数：租赁部副经理 1 名；业务员 10 名；文员 3 名；会计和出纳各一名。
- 候选人要求

(1) 租赁部副经理要求大专以上学历，3 年以上驾龄，1 年以上管理工作经验，男性优先。

(2) 业务员要求中专以上学历，有市场营销经验，3 年以上驾龄，40 岁以下，性别不限。

(3) 文员和出纳要求本市户籍，大专相关专业毕业，1 年以上工作经验，30 岁以下的女性。

(4) 会计要求本科毕业，有 5 年以上会计工作经验，性别不限。

- 招聘信息发布渠道

(1) 晚报中缝广告栏刊登租赁部副经理职位信息

(2) 公司所在区域常设人才市场登记

(3) 周末人才市场交流会设摊

(4) 公司网站

● 信息发布时间

2010 年 9 月 5 日起在常设人才市场登记，同时在公司网站发布信息。

2010 年 9 月第一个周六在晚报见报。

2010 年 9 月第一个周日参加人才市场交流会。

接受简历时间：2010 年 9 月 20 日截止。

● 面试时间

(1) 租赁部副经理面试 2010 年 9 月 28 日。

(2) 业务员面试 2010 年 9 月 30 日。

● 面试地点

(1) 业务员面试公司在三楼会议室。

(2) 租赁部副经理面试地点届时再定。

● 面试主试官

(1) 租赁部副经理由公司总经理和人力资源部、租赁部经理共同参加。

(2) 业务员面试由租赁部经理和人力资源部有关人员参加。

● 新员工体检时间：10 月 8—30 日。

● 新员工体检地点：区中心医院。

● 新员工入职时间：

(1) 租赁部副经理 2010 年 10 月 15—30 日。

(2) 业务员 2010 年 10 月 8—20 日。

● 招聘经费及来源

(1) 晚报中缝广告栏信息刊登费用 30000 元。

(2) 公司所在区域常设人才市场登记费 1000 元。

(3) 周末人才市场交流会设摊摊位费600元，广告材料制作费及交通费、午餐费 2000 元。

(4) 面试人员加班支出 400 元。

以上费用由公司成本费用科目支出。

考核反馈

对照租赁公司招聘计划中的要求，对“知识延伸”中租赁公司的招聘计划进行分析。

能力拓展

联系当地一家企业的前厅和厨师岗位的工作，写出相应的招聘计划。

任务二　招聘广告的撰写

教学目标

通过学习，使学生学会任意指定岗位的招聘广告的编写。

任务引入

长城计算机公司的招聘负责人博先生是在担任生产部门的一个工作组长几年后被提升到现在的职位。博先生上任后首要的一个任务便是为公司招聘两名软件设计工程师。经过对不同招聘方案的考虑后，博先生在当地一家发行量超过 100 万的报纸上刊登了以下的招聘广告：

长城计算机公司的就业机会

2 个职位：对于希望进入发展迅速的新兴行业的大学毕业生们

具有良好形象的应届毕业的大学生们

请来加入我们的行列

请把简历寄到：

中国 上海长城计算机公司 1515 信箱

博先生收

抓住时机！充满信心！

在第一周内博先生收到了四百多份申请书，他十分高兴。但经过对这些申请人的进一步考察后，他发现没有人具备软件设计工程师工作的要求。为什么呢？

任务分析

招聘广告我们每个人一定见过不少，但是从上面的案例我们看到，招聘广告发出之后是否有合格的应聘者不是一两句话能讲清楚的，但有一点是可以肯定的，就是广告的内容必须是符合以下要求。

一、能够引起求职者的注意

在一份报纸上什么样的招聘广告能吸引求职者的注意呢？答案是那些新颖、独特、与其他的招聘广告不同的招聘广告能最早进入人们的视线。如在众多的小字体的豆腐块儿中有一个字体较大、篇幅较大的招聘广告，或者是使用了标题吸引人的广告，或者使用了色彩与众不同的招聘广告，再有就是位置显著的招聘广告。

二、能够引起求职者的兴趣

公文式的广告词一般不容易引起求职者的兴趣，而生动、煽情、能引起求职者共鸣的语言加上巧妙、新颖的表现方式则很容易令人感兴趣。如“你愿意与充满活力的企业共同成长吗，你愿意让自己辛勤的付出拥有丰厚的回报吗”等这样的广告语常常会令求职者倍感兴趣。

三、能够激发起求职者的愿望

求职者申请工作的动机有很多，但是“培训与发展的机会、挑战性的工作内容、优越的薪酬福利、充满合作氛围的团队”等始终不会成为他们愿意放弃的内容。为了激发求职者对招聘广告所指的工作的愿望，在发布招聘广告之前，编写人员必须对本单位要招聘的职位想要吸引的对象是哪些人做一番调查，使招聘广告达到能够吸引特定对象群体的目的。

四、能够方便求职者申请

一份有效的招聘广告中应该含有方便求职者应聘的内容，如“如果您具备上述的任职资格，并且愿意接受这份工作任务，那么请您在××日之内将简历以及其他应聘材料寄往如下地址……”、“欢迎点击×××公司网站，了解更多的职位信息”。

“任务引入”案例中的招聘广告具备了吸引求职者和引起他们兴趣的特点，但是仅仅停留在这个层面上，缺乏了最重要的部分，即职位要求和工作内容。这是招聘广告不可缺少的内容，也是博先生找不到合格应聘者的原因之一。

知识链接

一、招聘广告的内容

招聘广告可以有各种风格的形式体裁，但是有些内容却是统一的和不可缺少的。

（一）关于组织情况的介绍

招聘广告中的组织情况介绍是让求职者了解组织的性质和所属行业、组织的主要产品、所在位置。限于篇幅，介绍要以最概括的语言，不要让人误以为是组织在做宣传。如果能在招聘广告中使用组织的标识那是最好不过的了，这样可以给看到广告的求职者留下深刻的印象。

（二）关于职位情况的介绍

招聘广告中对职位的介绍通常包括职位名称、所属部门、主要工作职责、任职资格要求等。起草招聘广告时必须仔细研究工作说明书。但要注意的是招聘广告中的职位情况介绍应该从求职者的角度出发来考虑，以求职者能够理解和感兴趣为主，切不可照搬工作说明书。

(三) 关于求职者要提供的材料

在招聘广告中应该明确求职者要准备哪些材料，如中英文简历、学历学位证书、技能资格证书、身份证等的材料复印件、个人照片、户籍信息等。

(四) 关于应聘的方式和联系方式

应聘方式大多采用将简历和求职材料通过信件、电子邮件、传真等方式发送到组织，因此需要提供组织的通信地址、传真号码或者电子邮件地址，如果人手紧张，可不必提供电话号码。另外，应该在招聘广告上注明应聘的截止日期。

我们在“任务引入”案例中看到的长城计算机公司的例子，其招聘广告的形式很新颖，但明显缺少很多的内容，所以尽管博先生所在的长城计算机公司在行业中的知名度较高，却少有符合要求的求职者前来投档。

二、撰写招聘广告时容易犯的错误

(一) 真实性不够

经常有内容不够真实的招聘广告出现在各种媒体上，原因之一是发布者希望吸引更多的求职者。我们必须牢记：编写招聘广告的第一原则是所有发布的信息，其发布者必须保证招聘广告内容的客观性、真实性，要对虚假内容承担法律责任，并且对招聘广告中所涉及的录用人员的劳动合同、薪酬、福利等内容必须届时兑现。

(二) 内容不完全合法

经常有内容不够合法的招聘广告出现在各种媒体上，原因之一是组织的规章制度与国家的法律、法规和相关政策相冲突。如有的组织招收文职员工时要求只限男性。还有些组织要求求职者在报名时需要交纳几百元的培训费、服装费等。这些做法显然不符合国家的法律、法规和相关政策以及公平的原则。所以，招聘广告中出现的所有内容都要符合国家的法律、法规和相关政策，不能以组织的规章制度代替国家的法律、法规和相关政策。如果组织的要求与国家的法律、法规和相关政策相冲突就必须删除。

(三) 不够简洁

招聘广告的语言要简洁明了，重点突出招聘岗位名称、任职资格等内容以及联系方式。对企业的介绍要概括，以免影响招聘广告的效果或因此而增加费用。

知识延伸

招聘广告中的岗位职责和该岗位的工作分析关系密切。招聘的岗位名称必须和工作说明书中的岗位名称一致，岗位的主要要求和职责必须在招聘广告中得到体现，使求职者在以后的面试和录用过程中不会产生误解和歧义，同样也使招聘的后续工作顺利开展。如果像我们在“任务引入”中看到的招聘广告那样，就会在和求职者见面的第一时间发生不应该发生的失误，导致组织找不到合适的员工或者找到不合适的员工。

考核反馈

1. 招聘广告的主要内容是什么？
2. 为本项目“任务引入”中的招聘广告做一次修改。

能力拓展

1. 为一家三星级酒店撰写大堂经理和厨师两个岗位的招聘广告（注意职位情况的介绍）。
2. 为你所就读的学校撰写招聘学生辅导员的广告。
3. 为你所就读的学校撰写招聘会计和校园网络管理员的广告。

任务三　广告发布的媒体和场所选择

教学目标

通过学习，使学生学会招聘广告发布时的媒体和场所选择。

任务引入

汽车租赁公司人事部来实习的大学生写完了招聘计划，又根据林小姐的要求写完了招聘广告的基本内容，不禁问起了林小姐：我们在网上发招聘广告会快一点吗？现在轮到林小姐犯难了，下个月就要新员工来上班了，现在要去哪里登招聘广告会快一点呢？人事部经理正好进屋来，叫林小姐去总经理那里问问，到底有多少钱来给他们做招聘宣传，总经理见到林小姐后却反问：你想在哪里发消息啊？这下林小姐糊涂了，究竟是先有经费的预算还是应该先有发布渠道的选择？

任务分析

一般来说，发布招聘广告时要考虑经费、时间、招聘岗位的特点和用人的难易程度等因素。

招聘广告可以发布的渠道很多,必须要根据组织的需要来进行选择。

一、报纸

报纸的读者范围比较受地域影响,而且登载广告的价格比较贵,所以一般情况下,在报纸上刊登招聘广告比较适合于在某个特定地区的招聘,适合候选人数量较大的职位或者是利润率较高的行业或职业。

二、杂志

杂志的纸张材质和印刷质量相对于报纸要好,其保存期也比报纸的保存期要长。但杂志的出版时间间隔与报纸相比要长得多,对到岗期限要求不是太急的职位可以在杂志上发布,而到岗期限要求急的岗位就不适合了;杂志的发行地域比报纸的发行地域要广阔且比较分散,但是杂志的读者群却比报纸的读者群集中,因此,一般情况下,在杂志上刊登招聘广告比较适用于寻找相对集中在某个专业领域内的潜在求职者的情况、适合空缺职位并非迫切需要补充且希望新员工来源地区分布不集中的情况。

三、广播电视

广播电视可能产生有较强冲击力的视听效果,容易给人留下深刻的印象,但招聘广告的播出时间较短,且不便保留,费用一般也比较昂贵。因此,一般情况下,通过广播电视发布招聘广告比较适用于当组织迅速扩大影响、需要招聘大量人员时,比较适用于引起求职者关注、将组织形象的宣传与人员招聘同时进行的情况。

四、网上招聘

网上招聘即通过互联网进行招聘,这是近几年新兴的一种招聘方式,是近年来随着计算机通信技术的发展和劳动力市场发展的需要而产生的通过信息网络进行招聘、求职的方法。由于网上招聘这种方法具有信息传播范围广、速度快、成本低、时间周期长、联系快捷方便等优点,且不受时间、地域的限制,因而被广泛采用。无论是用工单位、求职者,还是就业中介机构均通过信息网络来达到目的。许多的大型企业、外商合资企业、高新技术企业和计算机、通信领域人才及中高级人才的招聘多采用此种方法。从目前看,网络招聘以其招聘范围广、信息量大、可挑选余地大、应聘人员素质高、招聘效果好、费用低等优点获得了越来越多的用工单位的认可。

五、其他的印刷品

海报、公告、招贴、传单、宣传旗帜、小册子、直接邮寄等都是在特殊场合有特别效果的方法。这种方法可以使求职者在寻找新工作时,引起他们对印刷品所介绍的组织的兴趣,而且极富灵活性。但是这些方式单独采用时的作用非常有限,必须与其他的招聘方法相结合方能产生良好的效果。

在一些特殊场合，如为求职者提供就业服务的就业交流会、公开招聘会、定期举行的就业服务会上，可以布置海报、标语、旗帜等；当求职者访问组织的某一工作地时，可以向他们散发招聘宣传材料。

六、人才招聘会

招聘会基本上分两大类：一种是专场招聘会，就是只有一家组织举办的招聘会，或者虽然是多家组织举办的但只是针对某一个岗位的；另一种是非专场招聘会，就是由人才中介机构组织多家组织参加的招聘会。

利用招聘会进行招聘时要注意以下事项：

(1) 了解招聘会的层次和规模；

(2) 了解招聘会来参加求职的对象；

(3) 了解招聘会的组织者；

(4) 了解招聘会的信息是否在媒体上作了宣传；

(5) 尽早准备组织自己的宣传资料和相关的招聘人员；

(6) 准备一个有吸引力的展位和相关的设备。

总之，每种媒体都各有利弊，我们在进行选择时要综合考虑空缺岗位、组织的支付能力和广告价格、潜在求职者所在的地域、工作特性等因素。在所有这些媒体中，网站是最新出现的，凭借其传播速度快、范围广、查询方便等特性受到越来越多用工单位的青睐。在媒体选择上的另一个趋势就是在自己的主页上做广告，许多的用工单位都在主页上开辟了“职业机会”模块，这样就可以把大量的信息放在主页上供求职者查询，这对那些知名度较高、主页访问量较大的单位也是一种很好的选择。

林小姐可以选择两三个发布招聘广告的渠道，再把这些发布渠道需要的经费向总经理逐一做介绍，确定能取得多少经费，最后才正式去执行发布事宜。

知识延伸

招聘员工除了按照组织自己的规划和发展要求来操作，还受到国家劳动人事政策的调控和限制，每年年初国务院发布的《年度国家发展统计报告》中关于“当前国家人力资源状况和发展计划”的内容就是制定和调整这些相关政策和条例的依据。为此，我们必须了解有关的条例和规定，作为学习招聘技能的一个重要方面。限于篇幅，下面有选择的给予介绍。

国家有关用工的部分政策和规定

一、落户上海市高校毕业生就业指导中心集体户口办理办法

(一) 办理落户流程

(1) 凭《关于同意接收非上海生源高校毕业生的通知》(以下简称《通知》)到中心领取

或通过中心网站下载落户所需相关表格及材料，但《上海市高校毕业生就业指导中心户籍、档案受理凭证》(以下简称《受理凭证》)必须到中心领取。

(2) 查询档案到达情况：进沪就业的非上海生源毕业生可在学校档案寄出三周后凭《通知》到中心查询档案到达情况或在中心网站 www. Firstjob. com. cn 或通过声讯电话 16002388 查询，查询出的档案编号应填写在《受理凭证》的左上角“档案编号”栏。

(3) 经查询档案已确定到达者，凭《通知》(第一联)、《报到证》复印件、《(非)上海生源高校毕业生委托保管档案申请表》(以下简称《保管档案表》)、《受理凭证》、报到证复印件、户口迁移证、《委托入户中心集体户口申请表》(以下简称《入户申请表》)、身份证复印件；身份证照片一张(照片背面应写上姓名)和其他相关材料到受理处进行档案、户籍编号及登记，办理落户事宜。

(二) 办理落户所需材料

(1)《通知》第一联原件。

(2) 完整填写并由委托单位盖章的《保管档案表》。委托单位必须与《报到证》和《通知》上的单位一致，《保管档案表》可凭《通知》到中心领取或通过中心网站下载。

(3) 毕业生《报到证》复印件的就业单位应与《通知》上的单位一致，若有不一致处请办理相关更正手续。

(4) 完整填写并由委托单位盖章的《入户申请表》，委托单位必须与《报到证》和《通知》上的单位一致，《入户申请表》可凭《通知》到中心领取或通过中心网站下载。

(5) 居民身份证复印件。身份证上除住址外的各项内容须与《户口迁移证》上一致，若有不一致处须先更正一致后办理。

(6)《户口迁移证》原件，应在《户口迁移证》有效期内落户，并核对姓名，出生年月、民族、身份号码是否填写且准确，迁移证上的籍贯、出生地必须写到县市一级。

(7) 身份证专用照片一张(照片可到各公安分局拍摄，照片背面应写上姓名)，若需办理身份证须另交身份证照片一张(手续另办)。

(8) 已婚者还需附《结婚证》复印件一份。

(9)《受理凭证》。《受理凭证》可在备全以上材料后到中心领取并填写，无须单位盖章。

上海市高校毕业生就业指导中心集体户口申报地址：延安西路 900 号；所属警署(派出所)：新华路派出所。

(三) 落户后相关手续

1. 办理户籍证明

(1) 需开具《户籍证明》的人员，必须凭“户籍、档案受理凭证”来中心办理登记手续(已退工或更改单位及已婚者必须做好信息变更工作)。

(2) 2000 年及 2000 年以前毕业的落户中心的人员，办理《户籍证明》应于登记日后的周一、三、四下午凭“户籍、档案受理凭证”领取。

(3) 凡 2001 年以后毕业的落户中心的人员，办理《户籍证明》应于登记日后的第二个工作日下午凭“户籍、档案受理凭证”领取。

(4) 凡落户在中心集体户口的人员，《户籍证明》的登记手续。

2. 办理户籍迁移

(1) 落户中心满一年后户口可迁出,申请人事先须征得迁往地警署(派出所)和户主同意迁入后来中心办理登记手续。须提供材料:“户籍、档案受理凭证”、《中心集体户口人员户籍迁出申请表》(此表可到中心领取或通过中心网站下载,未更换单位的带好工作单位同意迁出户籍的证明或在“申请表”上盖章,已更换单位的带好原工作单位解除关系证明并由本人在“申请表”上签名)。《户口迁移证》应于办理登记手续日后的第三个工作日凭“户籍、档案受理凭证”领取。

(2) 落户中心不满一年的,因本人结婚或购房等原因需将户口迁出者,应到中心办理登记手续,须带材料:“户籍、档案受理凭证”,《中心集体户口人员户籍迁出申请表》(此表可到中心领取或通过中心网站下载,未更换单位的带好工作单位同意迁出户籍的证明或在“申请表”上盖章,已更换单位的带好原工作单位解除关系证明并由本人在“申请表”上签名)、结婚证、配偶户口本或房产证。《户口迁移证》应于办理登记手续后的第三个工作日凭“户籍、档案受理凭证”领取。

3. 办理户籍注销、恢复

落户在本中心,出国期限超过六个月的人员离境前应办理户籍注销手续,归国后可办理恢复户籍手续。

(1) 注销户籍

凭户籍档案受理凭证、签证原件及复印件、护照原件及复印件、身份证原件到中心办理;由中心提供户籍所在地警署(派出所)出具的一张户籍注销证明,请妥善保管。

(2) 恢复户籍

凭户籍注销证明到户籍所在地公安分局出入境管理处开出境人员恢复户口通知单,然后再凭通知单到本中心恢复户籍。

4. 毕业生身份证办理

(1) 常规身份证办理

落户中心人员需办理新身份证,必须凭“户籍、档案受理凭证”和身份证照片一张在中心申请办理并填写《申请换领居民身份证登记表》,制作期为三个月,领新证时需出示:“户籍、档案受理凭证”、《申请换领居民身份证登记表》副联、原旧身份证(如旧身份证遗失,须出示单位证明),查询身份证办理情况,可通过声讯电话 16886023。

(2) 快证办理

落户中心人员,原身份证遗失,在办理公证、贷款、升学、就业和申领护照等权益事项时,急需使用居民身份证的,可申请办理“快证”,需由用人单位出具申请人身份证遗失、因何事急需使用身份证的理由及申请补办快证的证明和本人申请,身份证照片三张,要带好“户籍、档案受理凭证”。本中心为其办妥快证材料,第三个工作日后由其本人携带申办材料到指定地点办理。约需十天左右。

(3) 临时身份证办理

落户中心人员,原身份证遗失,因外出办理乘飞机、车船和投宿旅馆手续的,由工作单位出具因申请人身份证遗失、但由于何时赴何地出差而需补办临时身份证的证明,以及本人申请、身份证照片两张办理,并带好“户籍、档案受理凭证”,本中心为其办妥临证材料，第三个工作日后由其本人携带申办材料到指定地领取。

二、非上海生源高校毕业生进沪就业申请手续

（一）受理对象

录用非上海生源毕业生的本市用人单位、非上海生源应届毕业生（注：非上海生源毕业生指入学前不具备上海市常住户口的高校毕业生）

（二）受理时间：当年1月3日—10月31日

（三）非上海生源应届高校毕业生进沪就业申请程序

(1) 用人单位凭《上海市用人单位信息登记凭证》向上海市高校毕业生就业指导中心领取《非上海生源应届高校毕业生进沪就业申请表》（以下简称《申请表》）或通过市就业指导中心网址 http://www.Firstjob.com.cn 下载（《申请表》正反两面须下载在同一张A4纸正反两面上）。

(2) 学生向已达成就业意向的用人单位索取《申请表》，根据要求如实填写个人资料栏目。

(3) 用人单位根据要求如实填写本单位资料栏目，把《申请表》交给学生。

(4) 学生凭《申请表》向学校索取教务处出具的成绩单，并将《申请表》、就业协议书、推荐表、在校期间的获奖证书、外语和计算机等级证书以及有关材料交学校就业管理部门审核。

(5) 学校根据《申请表》的要求对学生提供的材料进行审核，并在《申请表》上盖章签字。学校主要审核以下内容：

① 学生递交的材料是否属实。

② 学生在校期间奖惩情况。

③ 学生将经学校审核的《非上海生源应届高校毕业生进沪就业申请表》、个人推荐表原件和就业协议书、在校期间的获奖证书、外语和计算机等级证书的复印件以及有关材料交用人单位审核；用人单位在确认毕业生递交材料齐全和符合要求后签字盖章，并由用人单位把全部材料送上海市高校毕业生就业指导中心，报上海市高校毕业生就业办公室审批。

（四）用人单位填写《非上海生源应届高校毕业生进沪就业申请表》须知

1. 填表说明

(1) 毕业生和用人单位按申请表要求，在毕业生个人资料栏和用人单位资料栏中如实填写；

(2) 填表的单位与办理需求信息登记的用人单位必须一致；

(3) “生源地”栏应填写学生在高校入学前户籍所在地的省、自治区、直辖市名称；

(4) 外语证书的等级以教育部认证的等级为准；计算机证书的等级以省市级教育行政部门认证的等级为准；

(5) “获荣誉称号记录”栏目中，如没有获得荣誉称号的填“无”，获荣誉称号的指获得过校级以上（含校级）的奖励；

(6) 学校就业主管部门要认真审核毕业生填写的个人资料，特别是对学生的毕业年份，有无违纪违法情况予以确认，并签字盖章。

(五) 递交《非上海生源应届高校毕业生进沪就业申请表》要求

1. 递交《非上海生源应届高校毕业生进沪就业申请表》时间

《非上海生源应届高校毕业生进沪就业申请表》受理时间为每年 1 月 3 日开始，截止到当年的 10 月 31 日止(硕士以上学历、父母一方支内、支边或父母一方户口已迁入上海的，可延长至次年的 6 月 30 日)。

2.《非上海生源应届高校毕业生进沪就业申请表》材料要求(材料请按以下顺序排列，复印材料统一用 A4 纸)：

(1) 由学校就业主管部门和用人单位盖章的《非上海生源应届高校毕业生进沪就业申请表》；

(2) 毕业生(含毕业研究生)的推荐表原件(此表须学校就业主管部门盖章推荐有效)；

(3) 毕业生与用人单位签订并由学校就业主管部门鉴证盖章的就业协议书原件；

(4) 父母一方由上海迁往外地的，须附父母一方当年户籍迁出警署出具的户口迁出证明原件及学校出具的父母与子女的关系证明原件；父母一方户籍已迁入上海的，提供父母户口迁入上海的户籍证明；

(5) 外语和计算机等级考试证书复印件(需学校教务处鉴证盖章有效或将原件交由市就业指导中心受理人员审核)；

(6) 教务部门出具的成绩单原件，成绩单上的学习成绩需按学期排列，并盖有学校教务处印章。

3. 付费

根据财政、物价部门核定，递交《非上海生源应届高校毕业生进沪就业申请表》，须支付人才推荐费：50 元/人。

考核反馈

为林小姐所在的汽车租赁公司招聘活动选择发布渠道，经费分别为 5000 元和 2 万元。

能力拓展

请为下列岗位选择招聘信息的发布渠道：公司会计、公司经理、高等职业学校技能教师、幼儿园美术教师、五星级酒店保安、超市收银员、船厂电焊工、电视机厂装配工、物流公司驾驶员、银行电脑中心技术人员、证券公司交易员、航空公司乘务员。

任务四　接受简历及其筛选

教学目标

通过学习，使学生掌握求职者简历的筛选技能。

任务引入

校园招聘会上林小姐和实习生们收到了3个岗位近400份的简历，看着厚厚一叠的求职简历，想尽快找到新员工的年轻人分工起来，每个人负责一个岗位，大约有130份求职简历的浏览任务。实习生小张看着看着有点糊涂了，个个毕业生都说自己勤快、能干又聪明，一百多个人中筛掉的人不到10个，小张想：这样下去测试和面试时的人数岂不是要三百多个，测试来得及吗？

任务分析

人力资源部门在收到一大批求职简历后第一件要做的事是阅读简历，根据阅读的结果来进行筛选。

筛选是把在字面层面上就表现出不符合要求的简历去除掉，那么哪些会是第一批被去除掉的简历呢？有这样一些记号可以帮助我们识别：年龄、性别、学历、工作经历、户籍来源地，如果这些项目不符合要求就会成为第一批被去除掉的简历。对表面上符合要求的简历我们可以用电话做进一步的了解，以便确认这些求职者是我们希望进行当面谈话的。电话沟通中我们可以通过和求职者的交谈得到一些性格方面的信息。如语气和语调能反映一个人是否直率和热情(如果投简历时他们的声音没有给组织留下印象)，也能反映求职者对组织的想法(热情的或是无所谓的)，同样也给对方一个沟通和询问的机会。一般来说，组织通过这个电话可以通知求职者来面试的时间，也可以重新考虑是否需要和这个求职者再接触。

校园会上的简历筛选一直是比较难的一件事，汽车租赁公司人力资源部的校园招聘也不例外。在对近四百份的简历做出的第一次筛选，结果只有十分之一的淘汰率，是因为校园招聘在年龄、学历和工作经历这几个项目中求职者非常接近，而且学生的简历有很多是下载了网络的格式，看上去显得千人一面。如果对这样的求职者进行筛选，第二次的联系，即电话沟通就显得非常重要，通过电话将会使组织对求职者的个性有个大致的了解，对通过电话沟通表现出明显不符合要求的求职者就可以提前淘汰了。

知识链接

除了面试，还有哪些筛选方法可以用来选择求职者呢？经过长期的实践，有下列几种方法被经常采用。

一、笔试法

笔试法是让求职者在试卷上完成有关试题，然后由评卷人员根据求职者的回答给予成绩的一种测试方法。笔试法的目的在于测试求职者关于职业的基本知识和专业知识，以及文字表达的能力。文员及需要用文字表达工作过程的岗位必须采用笔试法。

二、心理测试

心理测试是指通过心理学的方法对求职者的个性、兴趣、能力和动机等心理素质进行测试，达到选择符合工作要求的员工的目的。心理测试包括个性测试、能力测试和职业取向测试。

个性是指一个人具有的独特的、稳定的对现实的态度和行为方式。对求职者个性测试的目的是寻找某些对未来绩效具有预测效用或与工作相匹配的特征，如酒店或公司大堂员工应该有这样一些心理特征：机警、善于识别人物、反应灵敏、友善礼貌、易接近等；服务性工作的员工应该有这样一些心理特征：善于识别人物、动作灵敏、友善礼貌、耐心周到、不怕脏累等。其实，上述特征是各类组织中许多岗位的基本心理素质要求，尤其是服务行业从业人员的基本心理素质要求。

心理测试的能力是指一个人所拥有的语言能力、非语言能力、理解能力和推理能力，心理测试中的能力不包括操作能力和身体技能。如驾驶员和机械操作工都需要对个性和能力中的“注意力”进行考察。

三、评价中心技术

评价中心技术是指把求职者置身于一个模拟的工作情景中，让其完成各种工作任务，考官采用多种评价技术，观察和评价求职者的心理行为和活动能力。评价中心技术一般用于对经理人员的测试。具体的评价中心技术有“无领导小组讨论”和“公文筐测试”。

（一）无领导小组讨论

无领导小组讨论是评价中心技术中经常使用的一种测评技术，采用情景模拟的方式对求职者进行集体面试。无领导小组讨论让一定数目的求职者组成一组(5～7 人)，用一小时左右的时间进行与工作有关问题的讨论，讨论过程中不指定谁是领导，也不指定受测者应坐的位置，让受测者自行安排组织，考官来观测求职者的组织协调能力、口头表达能力、辩论的说服能力等各方面的能力和素质是否达到拟任岗位的要求，以及自信程度、进取心、情绪稳定性、反应灵活性等个性特点是否符合拟任岗位的团体气氛，由此来综合评价求职者之间的差别，达到筛选出符合要求的人选的目的。

1. 无领导小组讨论的优点

作为一种有效的测评工具，无领导小组讨论和其他测评工具比较起来具有以下几个方面的优点：

(1) 能测试出笔试和单一面试所不能检测出的能力或者素质；

(2) 能观察到应试者之间的相互作用；

(3) 能够涉及应试者的多种能力要素和个性特质；

(4) 能使应试者在相对无意之中暴露自己各个方面的特点，对预测其在真实团队中的行为有很高的效度；

(5) 能使应试者有平等的发挥机会从而很快地表现出个体上的差异；

(6) 能节省时间，并且能对竞争同一岗位的应试者的表现进行同时比较(横向对比)；

(7) 应用范围广，能应用于非技术领域、技术领域、管理领域和其他的专业领域等。

2. 无领导小组讨论的缺点

无领导小组讨论对测试题目的要求较高，对考官的评分技术要求较高，考官应该接受专门的培训。对应试者的评价易受考官各个方面特别是主观意见的影响(如偏见和误解)，从而导致考官对应试者评价结果的不一致。应试者有存在做戏、表演或者伪装的可能性，指定角色的随意性可能导致应试者之间地位的不平等，应试者的经验可以影响其能力的真正表现。

(二) 公文筐测试

公文筐测试由测验材料和答题册两部分组成，用书面方式回答。

测试材料是提供给应聘者的资料、信息，是以各种形式出现的，包括信函、备忘录、投诉信、财务报表、市场动态分析报告、政府公函、账单等。测验中所用的材料共有十几份，每份材料上均标有材料编号，材料是随机排放在公文筐中的，被测试者在测验的各个部分都要用到这些材料。

答题册供应聘者对材料写处理意见或回答指定问题，是应聘者唯一能在其上写答案的地方，评分时只对答题册上的内容进行计分。答题册包含总指导语和各分测验的指导语。答题册提供了完成测验所需的全部指导信息，完成各部分测验所需的指导语在各部分开始时给出。

公文筐测试把被试者置于模拟的工作情境中去完成一系列工作，与通常的纸笔测验相比显得生动而不呆板，较能反映被试者的真实能力水平。与其他的情境模拟测验(如无领导小组讨论)相比，公文筐测试提供给被试者的背景信息、测验材料(文件材料及问题)和被试者的作业(答题)都是以书面形式完成、实现的，一方面考虑应试者在日常工作中接触和处理大量文件的需要，而且也使测试便于操作和控制。

在设计和选择题目前要先做工作分析，以确定所要评估的维度。

1. 公文筐测试的优点

公文筐测试具有灵活性，可以因不同的工作特性和所要评估的能力而设计题目。作为一种情境模拟测验，公文筐测试可以对个体的行为做直接的观察。由于把人置于模拟的工作情境中去完成一系列工作，公文筐测试为每一个被试者都提供了条件和机会相等的情境。公文筐测试能预测一种潜能，这种潜能可以使人在管理上获得成功。由于公文筐测试能从多个维度上评定一个人的管理能力，所以它不仅能从求职者中挑选出有潜力的管理人才，还能训练他们的管理与合作能力，使选拔过程成为培训过程的开始。

2. 公文筐测试要注意的事项

公文筐测试的适用对象为中高级管理人员，它可以帮助组织选拔优秀的管理人才或考核现有管理人员。由于公文筐测试的测验时间比较长(一般约为两个小时)，因此它常作为选拔和考核的最后一环使用。

公文筐测试从以下两个角度对管理人员进行测查：一是技能角度，主要考察管理者的计划、预测、决策和沟通能力；一是业务角度，公文筐的材料涉及财务、人事、行政、市场等多方面业务，它要求管理者具有对多方面管理业务的整体运作能力，包括对人、财、物流程的控制等。

公文筐测试对评分者的要求较高，它要求评分者了解测验的内涵，通晓每份材料之间的内部联系，对每个可能的答案了如指掌，评分前要对评分者进行系统的培训以保证测评结果的客观和公正。

知识延伸

对一个职位的核心能力的发现是工作说明书的重要内容，而对一个人符合职位要求的核心能力的发现是筛选求职者的重点。我们平时说一个员工符合岗位要求，就是说他的能力和特长符合职位要求的核心能力。凡是符合职位要求的核心能力的员工，可以用他的绩效为组织带来好的效益，减少培训的时间和成本，反之，即使经过大量的培训也不一定达到职位需要的能力要求。以本项目“知识链接”中提及的对管理人员的“公文筐测试”来说，管理职位的核心能力是管理者的计划能力、预测能力、决断能力和沟通能力。一个求职者如果没有经过一定的实践锻炼，这些核心能力又在简历中被自我重点介绍了，那就要人力资源部门在测试中用心考察其是否具备这些自我介绍的能力。

考核反馈

全班同学根据自己的喜好应聘汽车租赁公司的一个岗位，简历集中后给一部分模拟担任人事助理角色的同学做筛选。

能力拓展

1. 简历筛选技能练习

发布下列招聘岗位信息：学生处辅导员、食堂领班、学生超市收银员、超市经理、计算机中心网管、学校保安、校办公室秘书、校车司机、后勤水电工、校内各实训室管理员、宿舍管理员。

全体同学每人根据自己的特长和爱好模拟应聘3个岗位，每个小组(以4人一组为宜)负责一个岗位的招聘，简历集中以后每组在15份简历中进行筛选。

2. 根据全班同学的简历投档，给汽车租赁公司人事部设计3种不同的电话沟通场景，并进行有效筛选。

任务五　面试准备及面试

教学目标

通过学习，使学生学会面试一个岗位的应聘者。

任务引入

汽车租赁公司人事部要招聘的人选如下：租赁部副经理1名，业务员10名，文员3名，会计和出纳各1名。

林小姐给人事部经理汇报的结果是：两个月不到的时间里总共收到四五个来应聘租赁部副经理职位的电话，应聘信也有十几封，还有一个写信自称是总经理的朋友；我们要招10名业务员，来应聘的太少了，只有11个，其中2个还是女的；应聘文员和出纳岗位的最多，有近七十封信，十几个电话；只有1名已经退休的来电话应聘会计。最后经过筛选，进入面试的共有3个租赁部副经理职位的求职者，11个应聘业务员的求职者全部准备让他们来面试了，文员和出纳各职位从应聘者中各挑出5人面试，会计人选只能以后再等合适的。

听完林小姐的汇报，人事部经理说：你们去准备安排面试吧，我去总经理那里汇报一下，什么时候有空也让他亲自过来看看。林小姐回到办公室跟来实习的大学生们一说，几个人议论起来了：面试参加者不是在计划里都定下来了吗，怎么总经理还要“有空才来看看”？面试前我们人事部要做哪些准备呢？

任务分析

从接到各类应聘简历开始，人力资源部门可以开始按照招聘计划的要求为面试做准备，这些准备包括：总经理在计划中如果是安排了参加面试的，人力资源部门就应该提前把需要面试的人员资料交一份给总经理浏览；为每位前来面试的应聘者准备一份报名表；和用人部门沟通，请他们给出一份应聘人员所在岗位的工作分析或岗位责任，并请他们届时派负责人参加面试；面试具体场地的最后落实等。

知识链接

一、面试及其主要种类

面试是人员选拔中非常基本的方法，它在特定时间、特定地点所进行的，有着预先设计好的明确目的和程序的谈话，通过主试者与被试者双方面对面的观察、交谈等双向沟通方式，了解应试人员的素质状况、能力特征及求职动机等的一系列需要被用人部门知晓的信息。

面试要解决什么问题呢？面试是要从众多的应聘者中选拔出符合组织要求的员工，其要解决的具体目标有：

(1) 了解在求职简历和报名表中没有提到或互相出现矛盾的地方；

(2) 核实组织感兴趣的一系列应聘者的个人信息；

(3) 了解应聘者的工作态度、技术能力和性格特征；

(4) 了解应聘者是否适合本组织的文化，这是选拔管理者时必须要搞清楚的事情。

从形式来说，面试有结构化面试、非结构化面试和半结构化面试。从内容来说，面试有压力面试、模拟情景面试和问题式面试。这里我们重点介绍结构化面试、非结构化面试和半结构化面试。

(一) 结构化面试

结构化面试是组织在职务分析的基础上提出与工作有关的问题，要求应聘者在问卷上选择设计好的答案来回答，根据应聘者的回答对应聘者做出不理想、一般、良好或优异等各种简洁的结论。结构化面试中提出的问题既可以直接与工作有关，也可以只是间接与工作有关，也可以是针对用人部门的特殊需要和简历筛选时的感受而提出；给出的各种答案是根据应聘者的不同能力和性格可能做出的回应。

从上面的叙述我们认为：所谓结构化，是面试试题、面试程序、面试结果评判的结构化。

结构化程度最高的面试方法是设计一个计算机化的程序来提问，并记录应聘者的回答，然后进行数量分析，给出录用决策的程序化结果。

一般来说，结构化面试是一种比较规范的面试形式。结构化面试的优点是对所有的应聘者提的问题大致相同，能够较快地对应聘者的回答进行比较，筛选的结果相当客观公正。结构化面试的缺点是问题和答案过于统一，不能很好地发现应聘者的特长所在。

(二) 非结构化面试

在非结构化面试中，对与面试有关的因素不作任何限制。面试官可以任意地与应聘者讨论各种话题。面试的问题没有一个事先安排的需要遵守的框架。因此，面试官可能根据不同的应聘者问出完全不同的问题，同时鼓励应聘者多发表观点。在非结构化面试中，面试官可以根据应聘者对上一个问题的具体回答来决定下一个问题问什么，也可以根据应聘者的回答对某些问题追问，以了解更深入的信息。

非结构化面试的优点在于面试官和应聘者在谈话过程中都比较自然。由于不是事先设计好的，所以问起来不会显得前后没有联系和唐突。面试官可以比较全面地了解应聘者的情况，应聘者也感觉更随便、更自在，回答问题时也可能易敞开心扉。非结构化面试的缺点在于由于对不同的应聘者问不同的问题可能会影响面试的信度和效度，其中最大的问题在于这种面试可能会把重要的问题给漏掉了。

（三）半结构化面试

一部分是结构化面试而另一部分是非结构化面试的面试方法称为半结构化面试。半结构化面试的优点是比结构化面试和非结构化面试更容易对应聘者有较全面的了解。半结构化面试既有可以与其他的应聘者统一比较的内容，又有可以发现应聘者独特能力和性格的开放式提问。

二、结构化的面试表

为了便于分析和纪录，结构化面试一般都用列表的形式来给出问题，下面举例说明。

结构化面试表		
求职面试指导的目的是帮助组织进行员工选拔和配置。若用于某一职位的全体应聘者，则可帮助你对应聘者进行比较，并且可能提供比非结构化面试更客观的信息。因为这是一般性指导，所有的项目可能并不都适用于每一种情形。问号后面的空格写出被面试者的回答。		
一、对了解工作兴趣的提问		
姓名	应聘职位	
你认为工作(职位)包含什么？		
你为什么应聘这一工作(职位)？		
你为什么具有工作的资格条件？		
你的工资要求是多少？		
你为什么要到我们单位工作？		
你对我们单位有哪些了解？		
二、对被面试者当前工作状况的了解		
你现在工作吗？	是	否
如果没工作，你失业多久了？		
你为什么失业？		
如果你在工作，为什么应聘本职位？		
你什么时候能开始和我们一起工作？		
三、对被面试者工作经历的了解 （从求职者的当前职位或最后职位开始往后，所有时期都应计算。依据求职者的年龄，至少追溯12年，军事服务也视为工作。）		

续 表

在从事最后一项工作前你做什么工作?		
地址		
就业日期: 从 到		
你的职责是什么?		
你是否在该组织中一直从事同样的工作? 是 否		
如果不是,说明你从事的各种工作, 每一工作的就职时间,及担负的主要责任 从 到 从 到 从 到		
你现在的收入是多少?		
你最后或当前主管的姓名		
对于那份工作你最喜欢的是什么方面?		
你最不喜欢的是什么方面?		
你为什么要离开?		
在过去的五年里,你是否曾经失业?	是	否
为寻找工作你做了什么努力?		
你具有其他能帮助你胜任本职位的经历和培训吗?		
解释你是在什么地方和怎样获取这一经历或培训		
四、对被面试者教育背景的了解		
你接受过哪些能够帮助你从事所应聘工作的教育和训练?		
说明你接受的任何正规教育 (如果相关,面试考官可用技术培训代替)		
五、对被面试者业余活动的了解		
业余时间你干什么?		
兼职工作		
竞技运动		
娱乐活动		
俱乐部		
其他要说明的		
六、对被面试者个人问题的了解		
你愿意迁至新地方吗?	是	否
你愿意出差吗?	是	否
你愿意出差的最长时间是多少?		
你怎样看待周末加班?		
自我评价		
你认为你的优点是什么?		
你认为你的缺点是什么?		

续　表

七、面试考官的印象					
	一　般	较好 2	好　3	很好 4	评　语
个人特征					
个人外貌					
举止、姿态					
表达能力					
与面试考官的合作					
工作关键能力					
工作经历					
工作相关知识面					
人际关系					
面试考官　　　　日期					

三、结构化面试的提问原则

在结构化面试中，除了按照表格中的问题排列逐一询问，还需要做好以下几件事：

(1) 遵循已确定的面试表，不再临时任意修改；

(2) 系统化地探寻问题的答案，可以运用各种问话技巧；

(3) 直接在面试表上做记录；

(4) 提问题时口气接近谈话方式，自然从容；

(5) 准确收集有关胜任能力的具体表现。

四、结构化面试的提问技巧

(一) 追问法

在面试的过程中，如果需要对应聘者回答的问题作进一步的讨论，面试官可以根据实际情况对应聘者做适当的追问。如发现应聘者对于某个问题的介绍不够详细时，面试官就可以说："对不起，我可能没听清楚，刚才问的这个问题，你回答的意思是不是……"用更通俗易懂的方式对问题进行提问，有助于应聘者和面试官一起讨论。

(二) 重述法

有时候应聘者因为准备不足或者别的原因会忽略问题的重要部分而回答问题的次要部分，这时候面试官可以对问题进行重述，如"我刚才可能没说清楚，再说一遍，我的问题是希望你讲一下在处理客户关系中具体做了哪些事情……"这样能够避免求职者对那些涉及自身业绩的问题中重要行为的有意无意的忽略。

(三) 跳过法

有的应聘者面试经验少，当他发现主考官注意他时，心里会很紧张，当被问及过去的与业绩相关的行为时，既不能撒谎，又不敢实话实说，结果表现得很局促以至于说不出话来。这时面试官可以采取跳过法，即用轻松的口吻说："没关系，这个问题咱们先不管它。你对别的事情怎么看呢……"暂时跳过令人尴尬的问题，以缓解紧张的气氛。但是，如果这个问题涉及一个非常关键的胜任能力，那么，面试结束前无论如何也要回到这个问题上来，因为关键问题是不能放弃的。

五、非结构化面试的提问技巧

非结构化面试的提问和结构化面试的提问有很大的区别，难度也高许多，其技巧性主要表现在以下几个方面。

（一）开放式发问

所谓开放式发问，是指面试官希望应聘者自由地发表意见或看法。开放式发问又分为无限开放式发问和有限开放式发问。无限开放式发问的问话没有特定的答复范围，目的只是让应聘者讲话，最简单的如"请你谈谈自己的工作经验吧"。有限开放式发问即对回答的范围和方向有所限制，如"你在原来那个公司完成工作任务时常遭遇到的困难是什么"。开放式发问一般在面谈开始阶段或讨论某一方面问题的起始阶段运用。

（二）封闭式发问

所谓封闭式发问，是面试官希望应聘者就问题做出明确的答复。封闭式发问要比开放式发问更深入、更直接。典型的封闭式发问就是只让应聘者回答"是"或"否"，如"如果延长时间，是否会有助于你顺利完成销售任务"。封闭式发问可以表示两种不同的意思。如果在应聘者答复后立即提出一些和答复有关的封闭式问话，即表示面试官对应聘者的答复十分注意。但是，如果一直问些封闭式问题就表示面试官不想让应聘者多表示意见，或对应聘者的答复不感兴趣。

（三）诱导式发问

所谓诱导式发问，是指面试官用诱导的方式让应聘者回答某个问题或同意某种观点。如"你对这一点怎么看"或"你同意我的观点吗"。诱导式发问在运用时一定要把握好分寸，否则会给应聘者以紧张感，使其被迫回答一些他认为面试官想听但并非自己真正想说的话，从而整场面试不能获得有价值的资料。

六、面试技能

（一）掌握面试进度

每个参加面试的人必须认识到每个人的时间都很有限，作为面试官会很忙，但是应聘者可能会更忙，所以，如果约好了一定的面试时间，面试官和应聘者就要通过共同努力把时间控制得当。那么，应由谁掌握面试的主动权呢？应该说，面试官是起主要作用的导向者，负责掌握面试的进度。但是面试官也应该给应聘者大量的机会让其发表自己的意见。如何才能有效地控制面试的进度呢？正确的方法是：先从简历中找出应聘者介绍得不清楚的地方，然后专门对这些问题进行重点提问，从而使重要的问题得到落实，掌握谈话的主动权。这里介绍一些相关的谈话技巧来进行面试进度的控制。

1. 利用总结性问话

当感觉到应聘者对某个问题说得太多时，面试官可以非常自然地插话说："喔，你刚才说的是在团队工作方面的一些事情，对吗？"对方肯定会说："对。"由此，面试官可以马上将话锋一转："那么，你对这方面的问题怎么看，有什么见解呢？"——用总结性的问话把谈话转到面试官想了解的地方去。

2. 运用肢体语言

同样一句话："您刚才的问题说得非常好。"在表达时如果辅以不同的肢体语言，那么表达的意思会大不相同。

(1) 面试官的手心向下，收到这个信息时，接收者的正常反应是："就讲到这儿吧，虽然他认为我刚才说的好。"——这是表示对方说话太多的暗示动作。

(2) 面试官的手心向上，收到这个信息时，接收者的正常反应是："面试官还想听，我还要再说一些。"——这是在邀请对方继续的暗示动作。

(3) 面试官短暂的停顿，收到这个信息时，接收者的正常反应是："面试官还没听够，我还需要再说一点。"——这也是在邀请对方继续的暗示动作。

(二) 抓住胜任特征

所谓胜任特征，是指那些直接影响工作绩效的一系列能力、个性、工作风格。

如果在面试计算机销售员时，要求其讲述过去的销售情况。应聘者回答说："实际上，我是当时那个公司最好的销售经理之一，销售出去的电脑都多于别人好几倍，而且特别擅长处理困难问题。销售数字证明，我是当时那个公司里最好的销售经理。"面试官从这个人的回答里是否能够听出关于他以往的行为表现？事实上仅仅有他个人的评价是远远不够的，他在那家公司的时候，销售业绩也许很好，但是成绩也许不是他的努力造成，或者恰恰是他的前任为他的销售打下了基础。我们怎样才能考察出他的能力呢？

这里介绍胜任特征的一些内容。

1. 在能力方面，认知能力是关键能力

认知能力是指一个人分析和思考问题的能力。包括发现问题、解决问题的能力、项目管理能力、决策能力、利用时间和资源的能力。另外，技术应用能力、人际交往能力、项目开拓能力都是工作的胜任特征。

不同的工作要求从业者有不同的胜任特征，只有具备这些特定能力的人才会胜任工作。

这样的结论是不是要求我们对不同的工作都一一做一份胜任特征呢？答案是肯定的。实际上，一份工作有很多的胜任特征，但最关键的只有一二个，我们要做的就是这一二个关键特征分析。

2. 有很多的胜任特征是许多工作共有的

有很多的胜任特征是许多工作共有的，如人际交往能力，销售工作非常需要，人事工作非常需要,前厅和餐厅工作也同样需要,但是对能力的要求程度可能不同。

现在,举例子分析一种工作的胜任特征。

刚才提到的那个计算机销售经理,他介绍说自己有很好的销售业绩,究竟销售员应该有什么样的胜任特征?通过工作分析我们已经知道,销售工作有大量的机会和客户交流,还需要有一定的市场判断能力,当然还要具备许多的其他能力,如对产品的宣传能力、对客户和价格的记忆能力等,但是关键能力是市场判断能力和与人交流的能力。于是我们就界定出这两种能力作为销售员的工作胜任特征。

3. 销售员的与人交流能力需要达到哪种程度

与人交流能力可以这样定义:在人际交流中理解他人的言语、情感、行为的含义和原因的能力。而这种能力可以做下列程度上的区分:

(1) 缺乏对他人的理解,经常误解他人的情绪和行为,有社会知觉定势,如对性别、文化等;

(2) 能理解他人的目前情感,但不一定理解原因;

(3) 不仅能理解他人的目前情感,也理解基本的原因;

(4) 不仅能理解他人的情感,还能够改变他人的情感状态;

(5) 能够理解他人情感、行为的原因,并理解潜在的问题或作出合适的处理。

根据工作分析中的要求,销售员的与人交流能力需要达到 2 级以上的程度。

不同的工作有不同的胜任特征,我们称为胜任特征发现;从很多的胜任特征中找到关键的一两个特征,我们称为胜任特征界定;不同的工作对胜任特征的能力程度有不同的要求,我们称为胜任特征水平评估。

七、面试中常犯的几种错误

理论上认为:面试中倾听得到的信息总比通过自己说话所得到的要多得多。但是对于这么重要的倾听,面试官会出现很多的错误。

(一) 打断对方的谈话

在应聘者侃侃而谈时面试官很不礼貌地一下子打断对方:“你刚才说什么,再说一遍”或者“你说的就到这儿,你对下一个问题怎么看”。面试官粗暴地打断别人的谈话,不听完全部过程,这样的做法会给应聘者留下没教养的坏印象,更会遗漏重要的信息。

(二) 面试时做其他工作

如某些经理在当面试官时显得自己非常忙,一会儿接电话,一会儿给秘书带来的文件签字……这些都会给应聘者造成不良的印象,应聘者会认为这些经理不重视自己或是对自己不尊重,即使以后被录用了,也会觉得自己的岗位在组织里很不重要。

(三) 只听自己希望了解的信息

如招聘一个餐厅经理时,面试官已经设计好了 5 个胜任特征,其中“善于与别人和谐相处”是很重要的一项。在面试过程中,面试官一听应聘者说到“沟通”、“团队合作”等词语时常会感到满意。实际上，如果只听应聘者说几个团队精神、沟通能力的概念，而忽视应聘者以往的实际行为的话，就无法证明此人是一个好的餐厅管理人员。面试官不能只注意自己想听的预设特征而忽略了其他的佐证信息，否则会得出非常错误的面试结论。

（四）忽略肢体语言

面对面交谈时，肢体语言偶尔更能确切地表达应聘者的真实意思。忽略肢体语言对面试官来说是一个非常错误的倾听习惯。如有的应聘者回答时眼光始终不与面试官接触，对此，面试官在考虑应聘者害羞紧张的同时更应该考虑他的回答是否真实，或者应该考虑他对求职的岗位是否有诚意，为人是否开朗、阳光。如果不能探究到真实情况时，这个应聘者只能暂时搁起来，有必要的话再用其他的方法做进一步的考察。

（五）处理信息时机不当

有的面试官在听应聘者叙述时或者自己做记录时先对应聘者有了结论："这个人在总体上说的不太好"、"这人在个性方面不太合适"、"我不想要他"……实际上，正确的方法是：不要在面试过程中作任何类似的判断，而应在整个面试过程中侧重于倾听和记录，等结束面试进行了详细分析后再下结论。

（六）提问方式不恰当

如有的面试官对应聘部门经理的应聘者问这样一些重要问题：这个职位要带领十几个人的队伍，你认为自己有亲和力吗？这个职位要和很多部门交流、沟通，你有人际合作精神吗？这个职位压力很大，要经常出差，你适应高压下工作吗？

应聘者的亲和力和人际合作精神也许真的都不错，但因为面试官的问话明显的是希望他在亲和力和人际合作精神方面是好的，应聘者不可能看不出面试官的喜好而去回答自己哪个方面不够；如果这个应聘者很不喜欢出差，但是面试官的问话给了他暗示，他只能说喜欢出差，否则他会被淘汰。面试的结果，除了面试官把自己的希望告诉应聘者之外，应聘者的能力并没有被考察出来。主要原因是面试官提问的方式不恰当，在应该用开放式问题来了解应聘者的地方用了封闭式的问题，如果用"说说你以前的出差频率和经验"来考察应聘者对出差的态度；用"在工作中的同事如果和你有工作以外的交流，会是哪些活动"来考察应聘者的亲和力和人际交往能力，应聘者的真实情况就容易被发现。

八、结束面试时应该注意的几个要点

应该允许应聘者有时间在结束前提问题，这既是为了体现对应聘者的尊重，使其无论被录用与否，都能够对组织产生一个良好的印象，也是为进一步了解应聘者提供了机会。

如果我们已经能在面试中基本肯定当前的面试者，那么就要在面试结束前介绍面试的后续内容：下一步的程序安排和时间，这是相当重要的事，这样做能使应聘者大致感到有被录取的希望，避免他继续去其他的地方求职。

要对应聘者表示感谢。真诚的感谢应聘者花时间来面试，哪怕当时就知道此人绝对

不会被录用，也应真诚地感谢他，毕竟应聘者是来支持你的工作的。

要做好总结工作。在下一位应聘者进来之前，应该及时把上一个应聘者的记录做好，以免结束后张冠李戴。

九、面试中人力资源部门和用人部门的分工

人力资源部门是面试工作的组织者，更是招聘活动的组织者，需要做好的工作很多，如下列工作：

(1) 面试人员的确定；

(2) 面试时间、地点的确定；

(3) 面试表格的设计；

(4) 就面试内容与用人部门进行协商；

(5) 培训用人部门的面试官，使其掌握面试基本知识，与人力资源部门在面试时保持一致；

(6) 确定应聘者的基本素质是否符合职位要求；

(7) 做出录用的建议。

用人部门是招聘活动的主要参与者和受益者，他们的任务是：

(1) 向人力资源部门提供职位所需的基本能力要求；

(2) 对应聘者进行各种类型的测试，确定其工作能力；

(3) 做出录用的决定。

知识延伸

信度和效度

信度是指可靠性程度，通过某项测验或方法所得的多次结果的稳定性与一致性。效度是指有效性，指测试到的各种结果和真实情况的符合程度。如招聘打字员的时候，测试应聘者的打字速度和准确性对测试其工作能力的效度是较高的。但是，如果招聘一个销售员也用测试应聘者的打字速度来考察他的推销能力，其效度就大大不如对打字员的考核。

考核反馈

1. 作为文员和会计应该有怎样的工作胜任特征水平？工程师的工作胜任特征水平又是什么？

2. 如果你是面试官，应该怎么问才能得到真实的信息？

能力拓展

1. 各小组为已经筛选合格的职位候选人做一次面试准备,根据职位的职务分析编写面试提纲。

2. 每组中 2 个学生组成面试班子,一个学生担任记录员,一个学生担任面试官。为已经筛选合格的职位候选人做一次面试,并且在对其他同学的面试中轮换角色。

3. 医生和护士与人交流的能力需要达到哪种程度?教师和厨师与人交流的能力需要达到哪种程度?

本章小结

有效的招聘在管理中的意义在于它是保证组织正常运转的重要前提。

招聘流程包括确定招聘计划、发布招聘信息、接待和选拔应聘人员、发出录取通知书、评价招聘效益。其中,招聘计划是招聘工作的指导,招聘信息的合理发布是找到合适人选的前提,面试是招聘工作的重要环节,是选拔人才的基础,通过面试表格的设计,组织可以基本了解面试提问的内容。面试的目的是了解和发现应聘者在招聘报名表中无法提供的与工作有关的信息(如职位胜任特征),并以此为依据选拔和录用员工,因此,无论是结构化面试还是非结构化面试,其目的都是相同的。面试中的许多技能是人力资源工作者长期实践的经验,涉及很多心理学和社会学的知识,需要好好学习、细细体会。

面试工作是整个招聘工作的一个环节,而招聘是为组织各部门提供人员支持的,所以面试必然会和他们发生大量的联系,处理好和用人部门的关系是面试能否顺利的一个重要方面。

招聘中不仅要考虑组织的需要,而且要考虑国家的人事政策和劳动法规。

综合练习题

王强对大通公司的改造

一、背景

大通公司是一个业务蒸蒸日上的投资咨询公司,该公司经过五位高素质核心员工的努力,年业务量以 200%的速度增长。现今,该投资公司业已一跃成为投资咨询业的一颗闪亮的新星。该公司的总裁里根先生因为年轻有为而成为众多商学院毕业生的偶像和楷模。但是,里根先生作为一名工商管理硕士毕业生,仍然没有忘记早先在课堂上学习人力资源管理时老师所提醒过的,在公司高速发展时期,加快人力资源开发的必要。因此,大通公司总裁里根先生决定委派一位得力干将王强——一名人力资源管理硕士,专门负责大通公司的人事管理。王强是一个学识渊博的年轻人,得知被任命为大通公司人力资源部的经理时,王强立即就投入到人力资源部的筹建活动中去了。里根先生答应每年将公司营业额的1%作为人力资源部的运行经费,并认为人力资源部的员工选择一般的公司内部职员即可担当,不必花费太多的时间选择。而王强则认为人力资源部相对于一个投资咨询公司而言是一个极其重要的核心部门,糟糕的人力资源部会毁掉公司的前程。如果现在公司招聘了一批低素质的人,过一段时间他们会进入公司的各个部门,再过一段时间他们又可能为公司招进素质更低的人。所以,人力资源部必须要着力加强。王强因此建议里根总裁将人力资源部的运行费用从1%提高到5%;同时,王强还认为公司必须改变目前在招聘工作中的随意性和主观性,王强运用在学校所学的关于人力资源管理的相关知识还专门请教了以前的几位恩师,最后设计出了一整套颇为复杂的选拔和面试新员工的方案。财务主管凯尔文极力反对这套方案,认为这将大大提高目前公司的招聘成本。而王强则坚持认为执行这套方案将给公司带来无法估量的收益。里根先生则处于矛盾之中,于是决定在下周召开高层管理会议,讨论王强的方案以及将来人力资源部在公司中的地位等诸多问题。

二、方案

首先,王强认为,公司的业务发展很快,提升内部员工应该是填补空缺职务的首选,这种策略的好处在于:

(1) 为事业发展创造了机遇;

(2) 如执行严格,可掌握候选人的可靠资料;

(3) 节省新雇员适应的时间;

(4) 节省外招的费用。

当然,提升内部员工也有不足之处,那些几乎完全依靠内部提升的公司容易自满而检查不到漏洞,过分注重"谁正确"而不是"什么正确",那些循规蹈矩、没有犯过错的员工受到重用,而那些有识之辈则因不适应而被轻视或开除。因此,王强认为60%的晋升机会从内部提升而40%的职位从外部招聘则可能达到令人满意的效果。王强决定从以下途径寻找潜在人力资源:

(1) 大学的就业办公室;

(2) 人才市场招聘会;

(3) 专业团体;

(4) 政府机构;

(5) 人力资源中介机构;

其次,关于发布招聘信息。王强认为大通公司的信誉很高,尽管无需做招聘广告便不断有人找上门来,但为了吸引最具才华的人才加入,王强决定定期发布招聘广告,并且精心设计了求职登记表,希望借此建立公司自己的备选人才库。

1. 选拔面试

王强决定采用四轮面试法。第一轮是人力资源部的初步筛选,备有结构化面试和非结构化面试两种方式;第二轮是在初步筛选后,再由人力资源部组织进行能力倾向和心理测试;第三轮是由业务部门进行相关业务的考察和专业知识技能测试;第四轮是由招聘职位的最高层经理和人事招聘专员参与,选出个人需求与公司需求最配合的人选。

2. 初步面试

通常,初步面试由公司的人力资源部主管主持进行,通过双向沟通,使公司方面获得有关应聘者学业成绩、相关培训、相关工作经历、兴趣爱好、对有关职责的期望等直观信息;同时,也使应聘人员对公司的目前情况及公司对应聘者的未来希望有个大致的了解。王强设计出以下几种常见的问题:

(1) 你离开大学后主要从事过什么工作;

(2) 你认为你在工作中的主要成就是什么;

(3) 哪些事你认为做的不太好,而这些事可能是指向你进一步发展的机会;

(4) 你在你自己的工作中学到什么;

(5) 你认为工作上的哪些方面最有刺激性、最令人满意;

(6) 你在工作中期待的是哪些东西;

(7) 你对将来是怎么想的,从现在起 5－10 年里你想干什么岗位;面试结束后,人力资源部要对每位应聘人员进行评价,以确定下一轮应试人员的名单。

王强罗列的具体操作是:

(1) 就应聘者的外表、明显的兴趣、经验/背景、合理的期望、职务能力、教育/培训、是否马上能上任、过去雇佣的稳定性等项目从低(1 分)到高(10 分)打分;

(2) 就职务应考虑的优缺点,如以前职务的态度、对前任上级的态度、对有关职责的期望、对生涯或职业期望等作具体评议。所有应聘者提供的书面材料也供评价参考。

3. 专业技能测试

王强认为在专业技能测试过程中,进行“模拟测验”是行之有效的一个办法。其具体做法是:应聘者以小组为单位,根据工作中常常碰到的问题,由小组成员轮流担任不同角色以测试其处理实际问题的能力。整个过程由专家和公司内部的高级主管组成专家团监督进行,一般历时 2 天左右,最后对每一个应试者做出综合评价,提出录用意见。“模拟测试”的最大特点是应聘者的“智商”和“情商”都集中表现出来,它能客观反映应聘者的综合能力,使公司避免在选择管理人员时“感情用事”。“模拟测验”基本上由以下三个环节组成。

一是文件处理练习。秘书给每一个应聘人员一个在每个经理人员或高级管理人员那里都能见到的文件筐,文件筐里有典型的难题,一般例行问题和经理们从休假回来工作时常见的指示,应聘人员必须在规定的时间里处理这些问题以表现他们在实际工作中处理类似问题的能力。

二是无领导小组讨论。应聘人员被分成一个小组一起讨论几个业务上的具体问题,在会议进行过程中,评价人员仔细观察每一个参加者和其他人员是如何互动的,以考评被测试者的能力和态度,包括说服人的能力、领导能力、组织决策能力、时间应用能力、创造力和容忍力及敏感度、诚实、自信等品性。

三是紧张演习,主要是测试应聘人员应付压力的素质和能力。它由一系列苛刻的问题组成,以火烧眉毛的进程、不友好的方式推出,其紧张情景通常是应聘职务可能涉及的场景。

4. 能力倾向和心理测试

王强从公司外聘3名心理专家从事这项工作，通过该项测试可以进一步了解应聘人员的基本能力素质和个性特征，包括人的基本智力、认识思维方式、内在驱动力等，也包括管理意识、管理技能技巧，针对性很强。王强认为能力倾向和心理测试能够较全面、客观地反映被测评者是否具有胜任管理岗位的基本素质倾向。3名心理学家提供了一系列标准化的测试方法，如《16种人格因素问卷》(16PF)、《明苏达多项人格测验》(MMPl)、《管理者行为风险测验》、《寇德职业与兴趣表》、《适应能力测验》、《温得立人事测验》、《魏斯曼人事分类测验》、《罗夏克测验》等，王强认为应该进行至少两项的管理能力和心理测试，然后按其加权平均计值。

5. 最高层参与决定人选

最后一轮面试实际上是以上三轮面试结果的最后确定。王强认为最高主管的参与至关重要。最高主管将就各个岗位和职业发展方向做出进一步的说明，与求职者进一步进行双向沟通，以确保员工能够在指定的时间投入工作。

上述四轮面试计划将耗费一个半月左右的时间，再加上前期的准备工作，整个一轮选拔人才的时间有可能是3个月，按照王强的估计，一年将举行2－3次的招聘面试，那么，仅招聘和选拔将耗用大半年的时间，再加上日常的工作分析、绩效评估等工作，若要进行全面的人力资源管理，王强迫切地需要人手和经费的支持。里根先生也开始有些困惑，公司对人力资源开发如此巨大的投入是否会带来想象中的巨大回报？建立以人力资源管理为中心的管理体系是否会使公司迷失方向？

（资料来源：《人力资源管理实务》，顾沉珠）

【案例讨论与练习】

1. 你认为大通公司在业务蒸蒸日上之际，在人力资源开发方面投入巨资是否有必要？谈谈原因。

2. 请你评价王强先生的选拔面试方案。

3. 针对大通公司这样一家投资咨询公司，请您谈谈各种选拔工具的有效性及应用策略。

项目四

培训与开发

任务引入

这是在公司销售部的会议室里的一场对话。

经理：对了！小葛！上次培训部要我提报一位员工参加一个销售方面的课程，是在外地的封闭式培训，上课地点好像还是一个风景区，用周四、周五、周六三天。你这两季业绩都做得很好，我想把这个机会给你。

小葛：那好极了，可以去舒解一下。经理！那是什么课程啊？

经理：我也不清楚，反正培训部给我们一个名额，你去参加就是了。还有，工作要好好安排一下。

小葛：那要找谁做代理人？

经理：小伊，小葛不在的时候你代理一下他的工作。

小伊：好吧！

小吕：经理！我也希望能有机会去接受这类的培训。

经理：可以啊！不过你这段时间的业绩做得都不好，哪还有时间去培训，等你业绩能做好了，我也会让你参加。

任务分析

从“任务引入”的对话内容中我们不难看出，销售部经理并不关心培训的具体内容，也并不在意培训对什么人有用，而只是把培训当作了一种奖励、福利，从而根据员工业绩的好坏随意指定某一员工前去参加。我们不妨设想一下：小葛在培训过程中能有所收获吗？参加完培训后他的工作业绩会因此更上一层楼吗？

销售部经理其实并没有真正理解培训的意义，也并不知道培训到底是为了什么。那么，我们不禁会有这样的疑问：什么是培训？培训的作用是什么呢？

在本项目中，我们的主要任务是：

1. 分析培训需求，确定参加培训的人员和培训内容；
2. 设计培训项目，制定培训目标及进行培训项目的开发；

3. 进行培训准备，确定培训实施计划；

4. 评估培训效果，为今后的培训提供改进和优化方面的借鉴。

知识链接

一、培训的概念及其理解

培训是指组织为实现自身发展和员工发展相结合的目标而有计划地组织员工进行学习和训练以改善员工工作态度、提高员工知识技能、激发员工创造潜能进而使员工能胜任本职工作的人力资源管理活动。

有关培训的理解，需要把握以下四个要点。

(1) 培训对象是组织的全体员工，而不只是某部分员工，应当将全体员工都纳入到培训体系中来，不能将有些员工排斥在培训体系外。

(2) 培训内容应该包括与员工工作有关的所有内容。既包括与工作相关的业务、工作技术、技能等所谓“硬内容”，也包括工作态度、企业文化等所谓“软内容”，两个方面缺一不可。而且，这里所指的“工作”不仅指员工目前从事职位的工作，也包括将来可能从事职位的工作。

(3) 培训目的是要改善员工的工作业绩并提升组织的整体绩效，这是组织进行培训开发的原因和动力，也是衡量培训工作成效的根本标准。

(4) 培训工作的主体是组织。也就是说，培训应由组织来组织和实施。有的活动尽管客观存在上也有提高员工素质、激发员工积极性的效果，但因实施主体不是组织，也就不能作为培训的范畴。如员工业余自学虽然会改善工作业绩，却不能视做培训；而如果组织实施自学，那就应属于培训活动。

二、培训的作用

(1) 组织对员工的培训是以实现组织战略规划和经营目标为宗旨的，以保证员工与组织共同发展。

(2) 培训能使员工增加工作中所需要的知识，提高工作效率，减少事故。

(3) 培训能使员工得到发展，人才得到发掘，让员工感到组织的关心和重视，从而增强对组织的归属感。

(4) 提高组织管理的效率，以维持组织的不断发展，使组织在激烈的市场竞争中有较强的竞争能力。

(5) 培训和开发计划能传达和强化组织的价值观，促进有效组织文化的建立。

作为人力资源管理的一项基本职能活动，培训开发是人力资源实现增值的一条重要途径，随着人力资源对价值创造贡献的逐渐增加，人力资源的这种增值对组织的意义也日益重要，因此越来越多的组织开始重视培训开发工作。组织培训就是要通过各种有效的方法，使员工在知识、技术和工作态度等方面有所改进，以达到组织的工作要求。

任务一　培训需求分析

教学目标

通过学习，使学生学会找到组织培训需求，并进行分析。

任务引入

张某是某知名软件公司开发部的高级工程师，自1995年进入公司以来，表现十分出色，每每接到任务时总能在规定时间内按要求完成，并时常受到客户方的表扬。在项目进行时还常常主动提出建议，调整计划，缩短开发周期，节约开发成本。但在最近的几个月里情况发生了变化，他不再精神饱满地接受任务了，同时几个他负责的开发项目均未能按客户要求完成，工作绩效明显下降。

开发部新任经理方某根据经验判断导致张某业绩下降的原因是知识结构老化，不再能胜任现在的工作岗位了。他立即向人力资源部提交了《关于部门人员培训需求的申请》，希望人力资源部能尽快安排张某参加相关的业务知识培训，让张某开阔一下思路。人力资源部接到申请后，在当月即安排张某参加了一个为期两周的关于编程方面的培训、研讨会。张某结束两周的培训后回到公司，情况却未有所改变。经理方某也不禁纳闷：培训怎么起不了作用呢？

任务分析

一般来说，培训的组织者期待培训能发挥应有的作用，自然就以为员工参加了培训就应该产生积极的效果，或是业务能力提高了，或是业绩进步了，或是工作态度有所转变了等，可是有时候结果却往往出人意料。培训结果为何会不尽如人意呢？

一般来说，影响培训效果的原因是多方面的，可考虑的因素主要有：培训的内容是不是培训对象所需的？培训项目的设计是否科学合理？培训实施过程是否有效？

首先，张某的工作绩效发生变化是最近的几个月里发生的，开发部新任经理方某并没有经过调查就根据经验判断张某业绩下降的原因是知识结构老化，并安排张某去参加相关的业务知识培训，方某的判断是有待推敲的。我们可以仔细考虑，张某的工作绩效下滑也可能缘于其他的因素，如张某的工作表现出色，但未被提拔为开发部经理，难免会产生不平衡的情绪，从而影响工作热情；也可能张某遇到难以处理的家务事或个人问题，因心情烦闷而无法全身心地投入工作等。如若张某的业绩下滑与专业无关，安排他去参加再多的相关的业务知识培训也无法使其状态有所改变。总而言之，培训也需“对症下药”。

其次，开发部新任经理方某也需了解张某所参加的培训是否“名副其实”。培训效果的好坏和培训项目的设计息息相关，培训项目设计的不科学，如目标设置不合理、教学方法不适合等都会使培训效果大打折扣，无法使培训对象有效地掌握培训内容。

最后，培训实施过程的各种因素也应被顾及。如教学场所的环境很差、噪音巨大，影响了上课的效果；培训教师的授课水平不高，未能有效组织教学等同样也会使培训失效。

综上所述，开发部新任经理方某要想帮助张某尽快地从表现不佳的状态摆脱出来，首当其冲应该先确定影响张某工作绩效下滑的真正原因，如此才能明确是否需要通过培训以及培训什么来加以改善，因为“对症下药”方能做到“药到病除”。

知识链接

在组织培训前先确定谁需要培训以及培训什么，这便是培训需求分析。培训需求分析是整个培训开发工作的起始点，决定着培训活动的方向，对培训的质量起着决定性的作用，如果前期的培训需求分析出现了偏差，那么培训工作的实施可能就会“南辕北辙”，达不到预期的目的。那么，如何进行培训需求分析呢？下面，我们来了解一下有关培训需求分析的相关知识要点。

培训需求分析是一种专门的活动或过程，是指组织在进行规划和设计每项培训活动之前，由培训部门、主管人员采用一定的方法和技术对员工素质现状与组织发展目标的差异进行分析和鉴别，以确定是否需要培训涉及的内容对象等要素。

进行培训需求分析的目的在于：(1) 挑选合适的培训内容和培训方法；(2) 确定需要进行改进的方面；(3) 寻求能使员工适应组织业务发展需要的知识和技能。

培训需求分析要明确和解决开展培训的相关要素——“5W”和“1H”，即谁需要培训(Who)、为什么需要培训(Why)、需要培训什么(What)、何时进行培训(When)、何地进行培训(Where)及对多少人进行培训(How Many)。

一、如何进行培训需求分析

一般来说，培训需求分析应从组织分析、任务分析、人员分析三个方面入手。

(一) 组织分析

组织分析是在组织层面展开的，主要是通过对组织的目标、资源、特质、环境等因素的分析：一是对组织未来的发展方向进行分析，以确定组织今后的培训重点和培训方向；二是对组织的整体绩效做出评价，找出存在的问题并分析问题产生的原因，以确定组织目前的培训重点。通过组织分析，可以确定在组织层面需要进行什么样的培训。

（二）任务分析

任务分析的主要对象是组织内的各个职位，通过任务分析确定各个职位的工作任务，各项任务要达到的标准，以及成功完成这些任务所必需的知识、技能和态度。任务分析的结果也是将来设计和编制相关培训课程的重要资料来源。

（三）人员分析

人员分析是针对员工个人来进行的，主要是通过分析工作人员个体现有状况与应有状况之间的差距：一是对员工个人的绩效做出评价，找出存在的问题并分析问题产生的原因，以确定解决当前问题的培训需求；二是根据员工的职位变动计划，将员工现有的状况与未来的职位要求进行比较，以确定解决将来问题的培训需求。通过人员分析，要能够确定出组织中哪些人员需要接受培训以及需要接受什么的培训。

组织分析、任务分析和人员分析的区别参见表4-1。

表4-1　培训需求分析表

对　象	目　的	具体方法举例
组织分析	决定组织中哪些部门和人员需要培训	● 考察组织长期目标、短期目标、经营计划，判定知识需求和技术需求 ● 将实际结果与目标进行比较 ● 制定人力资源规划 ● 评价组织环境
任务分析	决定培训内容应该是什么	分析个人工作业绩评价标准，要完成的任务，成功完成任务所需的知识、技术、行为和态度
人员分析	决定谁应该接受培训和需要什么培训	● 通过业绩评估分析造成差距的原因 ● 收集和分析关键事件 ● 进行培训需求调查

组织中各级管理者在组织分析、任务分析和人员分析上关注的重点的区别参见表4-2。

表4-2　高层、中层管理者及培训者在培训需求中关注的重点

	高层管理者	中层管理者	培训者
组织分析	● 培训对实现经营目标重要吗 ● 培训将怎样支持我们战略目标的实现	● 我愿意花钱搞培训吗 ● 培训要花多少钱	我有能力购买培训产品和培训服务吗
任务分析	组织拥有具备一定知识、技术、能力的具有竞争力的员工吗	在哪些工作领域培训可大幅度地提高产品质量与服务水平	● 哪些工作任务需要培训 ● 该任务需要具备哪些知识、技能或能力
人员分析	哪些职能部门需要培训	哪些人需要接受培训：经理、专业人员、一线员工	我是需要培训的员工

二、培训需求的路径分析

（一）战略分析

面对激烈的市场竞争，组织必须对市场做出迅速有效的反应，制定长远发展规划，为了保持组织的持续健康发展，培训工作必须在立足于现在的同时，着眼组织的未来发展。

（二）任务技能分析

工作说明书和工作规范是培训需求分析最容易获得的资料来源。工作说明书不仅说明了工作职责，而且指出工作应达到的绩效标准以及工作中人的行为。工作规范则说明了工作对人的要求。依据工作说明书和工作规范可以大致确定培训的目标，因为这是组织对员工最基本的要求。

（三）绩效分析

通过对员工目前工作绩效与要求的工作绩效之间的差距进行分析鉴别，在绩效较差或可以继续提高的领域中确认所需的培训项目。

（四）重大事件分析

重大事件是指那些对实现组织目标起关键积极性或消极性作用的事件，从事件中寻找问题的根源，找出差距，确定培训需求。

（五）现存问题分析

如若组织在某方面存在严重问题，就说明相对应部门的员工在整体上可能不适应其职位要求，应通过分析进行全面培训。

（六）职业发展前瞻性培训需求分析

随着组织的发展和员工的不断进步，即使员工目前的工作绩效令人满意，但有时工作变动、职位晋升及工作内容变化也会使其产生新的培训需求。

知识延伸

收集培训需求信息是进行培训需求分析的前提和基础。收集培训需求信息的方法多种多样，比较常用的方法主要有四种，即观察法、问卷调查法、资料查阅法和访谈法。

一、观察法

观察法是指直接到工作现场，通过观察员工的工作过程来进行培训需求的分析。为了提高观察效果，通常需要设计一份员工行为观察记录表，用于记录观察过程的有关内容和细节(参见表 4-3)。

表 4-3　员工行为观察记录表

观察项目：＿＿＿＿＿＿＿＿＿	员工姓名：＿＿＿＿＿＿＿＿＿	
编号：＿＿＿＿＿	日期：＿＿＿＿＿	类别：＿＿＿＿＿
时间安排：		
工作完成情况：		
存在的不足：		
拟改善的内容：		

二、问卷调查法

问卷调查法就是将有关问题编制成问卷，通过让员工填写问卷来收集信息进行培训需求分析。培训者将事先设计好的问卷发给员工，让其填写回收后进行整理分析，由此了解员工培训需求。培训需求调查表参见表 4-4。

表 4-4　培训需求调查表

岗位：			在岗时间：			
职务：			在职时间：			
年龄：	性别：			健康状况：		
项　目	答　案					
	优	良	中	低	差	
当前工作表现：						
非常需要培训：						
工作技能熟练程度：						
＿＿＿＿＿						
1. 当前您工作中最大的问题是什么?						
2. 为弥补不足，当前您最需要的培训是什么?						
＿＿＿＿＿						
填写时间：		地点：				
备注：1. 根据实际，如实填写。2. 字迹清晰。3. 请于　　年　　月　　日前将本表送回。4. 表中一切意见仅作参考。						

三、资料查阅法

资料查阅法指通过查阅有关的资料，如专业期刊、技术手册、工作记录等来对培训需求进行分析。实施过程中人力资源管理部首先要明确需要收集的资料是哪些，然后列出清单再收集。培训需求分析资料收集表参见表 4-5。

表 4-5 培训需求分析资料收集表

编 号	资料名称和内容	收集时间	收集渠道	责任人

四、访谈法

访谈法是通过访问的方式来获取信息进行培训需求分析的方法。访问可以是面对面的,也可以借助于其他的媒介;可以是集体访问,也可以是单独访问。访谈时要注意访谈技巧,这样才能获得有用信息。

访谈应遵循以下步骤:

(1) 确定要获得什么样的、有利于培训规划的资料;

(2) 确定访谈对象及人数;

(3) 准备好访谈提纲;

(4) 进行访谈;

(5) 整理并分析访谈结果。

观察法、问卷调查法、资料查阅法和访谈法各自都有自己的优点和缺点,在实践中,组织要根据实际情况来选择合适的方法。以上四种方法的主要优点和缺点参见表 4-6。

表 4-6 培训需求信息收集方法[①]的优点和缺点

方 法	优 点	缺 点
观察法	● 可以得到有关工作环境的信息 ● 将分析活动对工作的干扰降至最低	● 对观察者的要求较高 ● 员工的行为方式可能因为被观察而受到影响
问卷调查法	● 费用低 ● 可以从大量人员中收集信息 ● 易于对信息进行归纳总结	● 耗时 ● 回收率可能很低,有些信息可能不符合要求(虚假或隐瞒) ● 信息不够具体
资料查阅法	● 有关工作程序的理想信息来源 ● 目的性强 ● 有关新的工作和在生产过程中新产生的工作所包含任务的理想信息来源	● 材料可能过时 ● 需要具备专业知识
访谈法	利于发现培训需求的具体问题及其产生的原因和解决办法	● 耗时 ● 分析难度大 ● 需要高水平的专家

培训需求信息收集完成以后,需要区分哪些是真正需求,哪些是假象需求;哪些是普遍需求,哪些是个别需求;哪些是短期需求,哪些是长期需求;哪些是目前需求,哪些是未来需求。最后,还需要组织员工、各部门经理、培训管理人员共同对整个培训需求信息收集、培训需求分析情况进行协商,达成统一意见,以确定培训需求。只有进行培训需求分

① 资料来源:孙海法,《现代企业人力资源管理》。

析以后才可能制订科学的培训计划。

考核反馈

1. 为什么在开展培训前要先进行培训需求分析？
2. 对学校的应届毕业生如何进行培训需求分析？

能力拓展

在本任务的“任务引入”中，开发部经理方某如果要对张某进行培训需求分析，他应该从哪个层面入手，采用何种路径，以什么方法进行培训需求信息的收集最为科学？为什么呢？

任务二　培训项目设计

教学目标

通过学习，使学生学会培训项目的制定和培训目标的确定。

任务引入

开发部经理方某经过培训需求分析确定，张某的业绩下滑是因为公司新采用了一种编程系统，张某未能及时更新所需的专业知识，致使工作中遇到了技术难题，从而影响了任务的完成，也使其精神承受了压力，进而打击了工作积极性。那么，方某决定再次派张某参加有关新的编程系统的业务培训。当他把这个培训申请向人力资源部提出后，人力资源部的培训管理人员针对张某的情况及培训项目的特点要如何对培训项目进行设计呢？

任务分析

开发部经理方某经过培训需求分析确定张某在新的编程系统上与工作要求存在差距，决定让张某参加业务培训，这仅仅只是确定了培训意向，这对于办好一次培训活动是远远不够的。为了克服盲目性培训的弊病，人力资源部的培训管理人员还应该运用科学的和符合实际的方法设计开发培训项目，有针对性地开展培训实施工作，这是提高培训效果的重要因素。在“任务一　培训需求分析”中，张某曾经参加了两周的培训却一无所获正论证了这一点。

在确定培训计划和实施培训之前，不仅要对个体培训意向的特点和培训项目的要求进行综合分析，还必须兼顾许多具体的情景因素，如项目类型、培训预算、领导支持、技术水平要求、员工现有水平、组织宗旨与政策等，只有综合考虑多种因素才能为培训对象确定适宜的培训目标，并使培训目标能够科学地加以实现。

一般来说，做好培训项目设计的关键在于做好培训目标的设计及培训项目的开发。使用培训需求分析结果来安排适当的培训活动，需要先描述出通过培训应达到的最终目标，它将为培训计划提供明确的方向和依循的构架。有了目标，才能确定下一步具体的培训计划项目，并且在培训结束后根据目标进行效果评估。培训项目的开发则是培训目标的具体化与操作化，培训项目的开发首先是检查现有的培训课程，以确定是否需要开发额外的教学内容，还是现有的教学内容已经可以满足培训需要。如果需要开发新的教学内容，将确定每个培训目标的最优教学方法，选择教学媒体，开发教学管理计划，选取适当的资源，挑选或者开发教学材料。

知识链接

一、如何设置培训目标

培训目标可分为若干层次，从某一培训活动的总体目标到某项培训课程，直至某堂培训课的具体目标，越往下越具体。从内容上看培训目标主要分为三大类。一是技能的培养。通过培训，使员工掌握完成本职工作所必备的技能，如操作技能、处理人际关系的技能等，以此也能够培养、开发员工的潜能。二是知识的传授。通过培训，使员工具备完成本职工作所必需的基本知识，让员工了解组织的基本情况，如组织的发展战略、目标、规章制度等，便于员工参与组织活动。三是态度的转变。员工的态度如何对员工的士气及组织的绩效影响甚大。必须通过培训，建立起组织与员工之间的相互信任，培养员工对组织的忠诚，培养员工应具备的精神准备和态度，增强员工的主人翁精神。

设置培训目标时要注意培训目标必须与组织的战略相一致，并且是可行的，其培训结果应该是可测评的。一个培训目标包括行为、条件和标准三个部分。行为描述的是参训人员要做什么，条件描述的是行为发生的环境，而标准描述的是行为必须达到的水平。标准参照测试就可以用于测试最终培训目标了。如以下的例子中有两个培训目标，试比较哪个培训目标设置得更好。

培训目标一：通过培训，员工能较好地向客户介绍公司的产品。

培训目标二：通过培训，员工能够在不求助于他人或不借助资料的情况下，在一分钟之内向客户解释清楚产品的主要特点。

以上是导购人员业务培训的目标设置。显然，培训目标一是一个失败的培训目标。因为“较好”一词的表达含糊不清、难以量化，不利于培训效果的评估。而培训目标二则详细说明了圆满完成培训计划后参训人员所能够做到的事情，包含了培训目标的三个部分，因此该培训目标为接受与实施培训的人提供了共同努力的方向，也为评价培训效果提供了基准。

二、如何进行培训项目的开发

培训项目的开发主要包括以下五个步骤。

（一）确定学习事件和活动

学习事件和活动是实现培训目标的重要载体，根据培训目标选择到所需的、合适的活动能使培训目标的实现事半功倍。

（二）确定教学方式

首先是选择媒体，媒体是一种教学材料的形式，它包含一个学习活动所需要的刺激因素，如颜色、声音或者动作，教学中使用的媒体是根据学习活动的种类需要的刺激因素挑选出来的。其次是考虑教学方式，小组教学和自我调节的学习是两种常用的方式。小组教学是指一个教师管理着一群受训者以固定的事件和活动顺序来进行学习，但当参训人员在智力、精神活动能力、学习速度等方面存在差异时必须以自我调节的学习方式来解决。

（三）挑选已有的教学材料

在开发新的教学材料之前应该先检查现有的教学材料是否可用。我们应该考虑教学材料的适用性以及它能为学习活动提供什么，确认选择的教学材料与学员特点、学习准则和选择的教学方式是否相符合，还要注意是否需要对已有的教学材料进行修改。

（四）开发教学材料

如果不存在合适的教学材料来帮助参训人员掌握培训目标或者只存在部分内容符合的教学材料时就需要开发新的教学材料。

（五）制订教学管理计划

教学管理计划就是一系列用来确保培训各要素以适当的顺序展现出来的过程，这是系统地实现有效培训的前提。教学管理计划必须确保培训目标之间的关系是合理而清楚的，还要确保根据设计展开的教学是从参训人员已有的能力出发，并从简单到复杂推进的。

知识延伸

培训的方法有很多种，较常用的有演示法、互动法、团队建设法三大类。

演示法是指将受训者作为信息的被动接受者的一些培训方法。这些信息包括事实、过程及解决问题的方法。

互动法是要求受训者积极参与学习的培训方法。

团队建设法是用以提高团队或群体成员的技能和团队有效性的培训方法，其注重团队技能的提高以保证进行有效的团队合作。

以上三类方法在选择时所参照的依据可参见表 4-7。

表 4-7　培训方法的选择①

	演示法		互动法							团队建设法		
	讲　座	录　像	自我指导	学徒制	情景模拟	案例研究	商业游戏	角色扮演	行为模仿	冒险学习	团队培训	行动学习
目标明确性	中	低	高	高	高	中	高	中	高	中	高	高
实践机会	低	低	高	高	高	中	中	中	高	中	高	中
培训内容的意义	中	中	中	高	高	中	中	中	中	低	高	高
反馈	低	低	中	高	高	中	高	中	高	中	中	高
对别人的观察与交流	低	中	中	高	高	高	高	高	高	高	高	高
开发成本	中	中	高	高	高	中	高	中	中	中	中	低
管理成本	低	低	中	高	低	低	中	中	中	中	中	中
效果	中	中	中	高	高	中	中	中	高	低	中	高

考核反馈

针对学校的各系毕业生设计一项就业前培训项目。

能力拓展

要为张某安排的编程系统的业务培训，人力资源部的培训管理人员针对张某的情况及培训项目的特点应如何对培训项目进行设计？

任务三　培训准备工作

教学目标

通过学习，使学生了解培训实施的程序和操作步骤。

① 资料来源：孙海法，《现代企业人力资源管理》。

任务引入

人力资源部的培训管理人员已经为张某设计好了培训项目，那么在正式实施培训之前，培训管理人员还有哪些工作要提前做好准备呢？

任务分析

一般来说，对于绩效不佳的员工的培训，强化他们的学习动机，帮助参训人员建立充分的自信是当务之急。针对不同的参训人员最好有量身定做的培训计划，如果做不到每个参训人员都有自己的培训计划，也要分几个层次来进行培训，这样才不至于使培训走形式，浪费时间和人力物力。培训计划是培训的目标和依据，一定要在培训前做好培训计划。

知识链接

组织在进行相关培训之前所制订的系统的、完整的培训计划既是对前面调查及设计阶段工作的一个小结，也是下一步具体开展实施员工培训的必要规划，起着承上启下的作用。

培训计划一般包括以下十二项内容。

一、培训目的

培训目的是指从组织发展的战略和整体上阐明培训所要解决的问题及达到的目的，对本次（项）培训做出正确的定位。

二、培训原则

培训原则是指制订和实施培训计划所依据的规则或原则。

三、培训需求

培训需求是培训计划中最重要的依据和基础，必须阐明组织发展目标需求与现实状况之间的差距，由此论证培训什么、需消除哪些方面的差距、要满足组织发展中哪方面的需求。

四、培训目标

培训目标是指对培训项目开展之后需要达到什么样的目标或结果，在培训计划中应该阐明。培训目标应该切合组织、员工和培训开展的实际，并尽可能做到量化、可操作，从而作为考核培训效果的标准。

五、培训对象

培训对象是指培训所针对的具体人员或具体岗位的任职人员。

六、培训内容

培训内容与培训对象密不可分、相辅相成。有什么样的培训对象，就有什么样的培训内容；有什么样的培训内容，就应选择什么样的培训对象。

七、培训时间

培训时间应包括整个培训计划起止执行的有效期，包括培训计划进行中每个培训项目的实施时间以及每个培训项目所需安排课时等两个层次的内容。

八、培训地点

培训地点是指培训计划实施的具体场所。

九、培训方式

培训方式是指培训采用何种形式和方式进行，如外派委托还是内部组织、脱产学习还是业余参加培训，以课堂教学为主还是以外出实习考察为主等。

十、培训组织

培训组织即由谁来组织实施培训。明确组织开展培训的职能部门和责任人，以利于工作协调、职责落实、确保成效。

十一、培训考评

为检验培训效果，督促参训人员认真学习，培训必须进行考评。培训计划应该对考评方式（如笔试、面试、操作）加以明确，以便在时间、人员、费用等方面通盘做出安排。

十二、培训费用

培训费用是指培训计划实施的直接费用预测，包括师资、场地、设施费用、教材、资料印制费用、组织管理、后勤保障所需费用等。

知识延伸

培训管理人员除了依照培训要求制订培训计划外，同时要对培训计划中的所有环节进行准备，必要时还要跟进一些配套的工作，其中以下几点工作尤为重要。

一、确保参训人员做好准备

由于培训是一种双向的活动，参训人员对培训是否做好充分的准备也是影响培训效果的一个重要因素。培训管理人员通常要做的工作包括：第一，帮助参训人员明白培训的目的以及参加培训所能带来的预期收益，以此强化他们的学习动机，端正学习态度；第二，帮助参训人员建立充分的自信，使他们坚信只要认真学习就一定能够学会培训的内容，因为研究表明，自信与参训人员在培训中的表现是有关系的；第三，要使参训人员具备进行培训的基本能力，如英语阅读能力、口语表达能力等；第四，通过召开培训动员会议或发布培训动员通知等方式将有关培训事宜提前通知参训人员，如参加培训的对象，培训时间、地点、吃住行的安排，培训日程，培训的主要内容，培训的形式以及授课教师等。

二、选择培训场地

良好的培训设备和场所环境是培训活动顺利进行的重要保证，培训场地的选择要首先考虑采用何种教学方式和培训方法，如此才能保证培训项目能够按照设计理念有效地开展。一般来说，为确保培训效果，最好选择较安静的环境开展培训。特别是在教室进行培训时，培训管理人员要注意环境问题，通常参训人员在培训的时候每天一坐就是几个小时，如果教室的各种条件不好，桌子、椅子、采光、通风、取暖、黑板等基本条件达不到要求，参训人员的学习效果必然会受到影响。在正常的情况下培训的基本设备的准备工作包括以下几个方面：

(1) 要有良好的通风设备，环境气温可以调节，要有充足的自然光线；
(2) 黑板不要采用反光材料，这会影响参训人员的视线；
(3) 教学设备齐全，经过调试符合使用要求；
(4) 培训场地尽量不要靠近噪声源，以免干扰培训；
(5) 桌椅数量足够，不易损坏，使用舒适；
(6) 有茶水、点心供应，最好有休息室；
(7) 有足够大的空间用于桌椅的重新摆设，以满足不同教学方法的需要；
(8) 电源插座充足。

三、严肃培训纪律

没有规矩不成方圆。开始培训之前，一定要向参训人员提出下列要求，以保证培训的有效进行：

(1) 准时上下课，不得迟到、早退、旷课；
(2) 培训期间关闭手机；
(3) 培训期间不得随意走动、交头接耳；
(4) 课前自觉预习，课后复习，培训期间积极参与各项活动；
(5) 认真填写有关问卷、评估表等；
(6) 爱护培训场地的各种设施。

四、编制培训准备工作清单

培训准备工作清单的内容大致可包括以下内容：

(1) 培训用资料，如培训教材、培训讲义/资料、讨论材料等；

(2) 教具，如计算机、投影仪和投影屏幕、麦克风、写字板、白板笔或粉笔等。

培训前准备情况检查表参见表4-8。

表4-8　培训前准备情况检查表

序　号	检查项目	结　果	序　号	检查项目	结　果
1	培训通知		10	白板笔、粉笔	
2	参加培训人员名单		11	杯子、茶叶、点心	
3	教学计划书		12	场地布置	
4	教材准备		13	住宿名单	
5	讲义制作		14	餐饮	
6	培训评估表		15	交通安排	
7	教具准备		16	培训讲师的接送	
8	电脑		17	费用	
9	投影仪和投影屏幕		18	其他	

考核反馈

实施培训前重点要进行哪些方面的准备工作？

能力拓展

请帮助人力资源部的培训管理人员编制一份关于新的编程系统的业务培训的培训计划，并编制一份培训准备工作清单。完成之后，请给参加培训的张某发一份培训通知。

任务四　培训效果评估

教学目标

通过学习，使学生掌握培训效果评估的方法，学会为下一步的培训提供改进和优化方面的借鉴。

任务引入

当张某参加新的编程系统的业务培训结束后，人力资源部的培训管理人员应对培训的效果进行一番评估，以确定培训是否达到了所设定的目标、参训人员张某的表现是否有所改善、培训的投资回报率如何等。那么对培训效果的评估该如何操作呢？

任务分析

培训开发的最后一个步骤就是要对培训效果进行评估和反馈，这不仅可以监控培训是否达到预期的目的，而且可以为以后开展的培训提供改进和优化方面的借鉴。正因为如此，进行培训效果评估是整个培训活动的重要环节。

培训效果评估的开展要遵循科学的程序，否则得出的培训评估结果很可能失去客观性。培训效果评估一般来说主要包含以下步骤。

一、培训效果评估的确定

在培训效果评估实施之前，必须先明确评估的目的：评估是为了明确培训项目的优势与不足，判断培训项目是否符合培训目标、培训对象是否通过培训受益、推动组织目标的实现，并对培训的成本与收益、投入与产出做出比较和鉴定，以确定下一轮培训改进的方向。此外，还要充分考虑评估的可行性、评估的价值和评估结果是否能够得到充分利用等因素，以确定是否值得进行评估。

二、确定培训效果评估层次

传统的培训效果评估主要是根据柯克帕特里克的四层次框架体系来进行的。评估的层面包括反应层、学习层、行为层和结果层四个层次，确定最终的培训效果评估层次将决定培训效果评估开展的有益性和有效性。培训效果层次比较参见表 4-9。

表 4-9　培训效果评估层次比较

评估级别	主要内容	可询问的问题	衡量方法
反应层评估	观察学员的反应	● 学员喜欢该培训课程吗 ● 课程对自身有作用吗 ● 对培训讲师及培训场地有何意见 ● 课堂反应是否积极主动	问卷、评估调查表、评估访谈
学习层评估	检查学员的学习效果	● 学员在培训项目中学到了什么 ● 培训前后，学员在知识及技能方面有多大程度的提高	笔试、绩效
行为层反应	衡量培训后的工作表现	● 学员在学习后有无改变行为 ● 学员工作中是否用到培训所学	由上级、同事、客户、下属进行绩效考核、测试、观察
结果层评估	衡量组织经营业绩变化	● 行为改变对组织的影响是否积极 ● 组织是否因培训而经营得更好	考察事故率、生产率、流动率、士气

三、选择培训效果评估实施方法

培训效果评估工作一般在培训结束后才开始进行，为了获得更为完整的数据，在时间和工作精力允许的前提下，从培训中期开始进行评估也未尝不可。对培训课程本身的评估（反应层和学习层的评估）通常在培训结束时，参训人员返回工作岗位前进行；而对培训效果的评估（行为层和结果层的评估）通常在参训人员回到工作岗位后一段时间才能实施，因为参训人员在工作中应用培训内容的程度是需要时间来考察的。而评估所采用的方式一般有培训后测试、对参训人员进行培训前后的对比测试和将参训人员与控制组进行前后的对比测试等三种方式，可采用的方法则有卷面考试、观察法、演示法、填写评估调查表、评估访谈、案例研究等。

四、撰写培训效果评估报告

培训效果评估报告包括的内容包括：(1) 培训背景说明；(2) 培训概况说明；(3) 培训评估的实施说明；(4) 陈述或以图表形式表示培训效果评估信息；(5) 培训效果评估信息的分析；(6) 培训效果评估结果与培训目标的分析；(7) 提出培训项目计划调整或是否继续实施的建议。

五、培训效果评估结果的运用

一方面，人力资源部门可以利用评估结果的相关信息衡量培训项目各个环节工作开展的情况，以做出改进和优化；同时也可以为绩效评估提供一定的参考意见。另一方面，参训人员可以清楚地了解个人的培训效果，掌握现有业绩水平，从而能够帮助参训人员更好地弥补不足，促进潜能的不断挖掘。

知识链接

一、培训效果评估的作用

(1) 培训效果评估可以为决策者提供有关培训项目的系统信息，从而做出正确判断。

(2) 培训效果评估可以帮助培训管理者为培训需求的确定、培训目标的选择、培训计划的拟定、培训资源的控制等影响最终培训效果的工作提供改进信息。

(3) 培训评估信息的交流，以及员工参加培训后运用所学取得的工作进步的展示使培训资源得到更广泛的推广和共享。

(4) 对培训前、培训中和培训后的全程培训评估，可以实现对培训过程的全程控制。

二、培训评价表

1. 我认为此次培训：

☐很有帮助　☐有些帮助　☐有启发　☐将信将疑　☐没有作用

2. 此次培训课程，对我来说：

☐非常适合　☐较适合　☐不太适合　☐完全不适合

3. 课程内容的实用性：

☐很好　☐好　☐一般　☐差

4. 授课教师讲课：

☐语言生动，阐述清晰　☐条理尚清楚　☐一般　☐思路混乱

5. 培训准备的相关资料：

☐资料翔实，案例丰富　☐理论性强，案例较少　☐一般　☐枯燥乏味

6. 我认为培训地点的选择：

☐非常合适　☐较为合适　☐不太合适　☐不合格

7. 我认为本次培训的整体组织情况：

☐很好　☐好　☐一般　☐差

8. 我对后面安排的培训的兴趣程度：

☐很高　☐高　☐一般　☐低

9. 此次培训给我最好最突出的印象是：

____

____

____

10. 此次培训最迫切需要改进的地方是：

____

____

____

知识延伸

摩托罗拉培训评估的“四个水平”

培训结束后，学员的感受是怎样的？培训是否达到了所设定的目标？其效果如何？通过培训，学员是否掌握了所学的知识？其所学知识是否已经转化成了能力？培训的投资回报率如何？所有这些问题都是大家非常关心的。

摩托罗拉依据上述问题将整个培训评估分为如下四个水平。

水平一：考察学员对所学课程的反应如何，其目的在于考察学员对课程的满意度。例如，每个员工参加培训后都要填写一份课程评估表，其中的内容包括学员对教师、时间安排等各项问题进行评估，并给予建议。这些都将成为课程设计部改进课程的重要

依据。

水平二：考察学员对课程内容的掌握情况。为了避免给学员带来不必要的负担，采取许多灵活、有趣的方式对学员的学习情况进行评估，如游戏活动等。

水平三：学员是否将所学的知识转化为了相应的能力。由于知识转化为能力需要时间，因此对能力的评估需要一个较为先进的评估方法。例如，为了配合摩托罗拉在华四大业务方针之一的加速管理员本土化进程，公司设计发展了“中国强化管理培训”。学员在即将接受培训前，要接受多项评估以确定其培训前的能力水平。接受培训后 3—6 个月，再次进行能力评估。通过两次评估结果的对比分析，确定培训给学员能力发展带来的影响。

水平四：投资回报率，即考察培训投资为各事业部及员工个人带来的效益。例如，摩托罗拉公司于 1992 年推出“西格码黑带”项目，其目的是培训一批具有丰富经验的专业技术人才，在其领域内推广、应用解决问题的技能和改进质量系统，从而取得产品在设计、制造、服务等各方面的不断进步。经过几年的发展和完善，“黑带”项目已显示出巨大的功效。对“黑带”项目第四水平评估结果表明，“黑带”专业人才带领团队解决公司内部的质量问题，生产率甚为可观，为摩托罗拉带来了丰硕的成果和回报率。

通过上述评估体系，一方面验证了培训的结果达到了各事业部及员工个人的培训期望；另一方面也为客户培训需求分析、课程设计、实施与管理提供了有科学价值的反馈信息，为改进培训系统与效果提供了可靠的依据。

（节选自 http://www.edu.baosteel.com/2/4/D/jpdbk/qt 7.htm）

本章小结

作为人力资源管理的一项基本职能活动，培训与开发是人力资源实现增值的一条重要途径。培训需求分析是整个培训开发工作的起始点，它决定着培训活动的方向，对培训的质量起着决定性的作用。

设置培训目标时要注意培训目标必须与组织的战略相一致，并且是可行的，其培训结果应该是可测评的。一个培训目标包括行为、条件和标准三个部分。

组织在进行相关培训之前还需制订一个系统的、完整的培训计划，这既是对前面调查及设计阶段工作的一个小结，也是下一步具体开展实施员工培训的必要规划。

培训效果评估的层面包括反应层、学习层、行为层和结果层四个层次，确定最终的培训效果评估层次将决定培训效果评估开展的有益性和有效性。

综合练习题

某公司是一家 2011 年年初由国企改制为民营的制药企业，现有员工 700 人，其中中高层管理人员 120 人。公司人力资源部刚刚成立一年，共有三人，经理、主管、劳资员各一人。

改制后，公司高层提出了建立学习型组织的口号，从管理人员开刀，每周六上午为管理人员学习日，一开始安排100来人上大课，每位高层管理者轮流讲课，大约两月后领导感觉效果实在不好，于是终止原计划改为各部门自行组织学习，而且是周六必须大家都来。由于改制后工作一直繁重，不久学习日就变成了加班日，于是人力资源部负责学习的检查考核也只能走过场。

公司总裁虽然非常重视培训，还经常组织一些讨论，但都只停留在公司理念等一些口号性的东西。但其他的高层管理人员被其他的工作弄得焦头烂额，更没心思认真地去落实培训了。培训的重任则落在人力资源部，但公司内部实在没有合格的内部讲师，因此人力资源部主管倾向于以外聘培训机构做管理人员内训作为公司培训工作的突破口，但公司高层却在经费和实际效果的考虑上产生犹豫。

【案例讨论与练习】

1. 请从各方面对该公司实施的培训项目进行评估，并谈谈你做出此评价的原因。
2. 你如果是该公司的人力资源部主管，你将如何针对公司的具体情况开展培训？

甜甜面包公司近年来规模迅速扩大，员工开发、成长、提升的机会很多。郑先生依靠自己的勤奋努力和积累的丰富的工作经验，从最初的专卖店经理助理被提升为甜甜面包公司的业务助理，管辖着多家专卖店的经理人员。作为一名管理人员，虽然郑先生从未接受过正规的专业训练，但他凭着过硬的业务能力仍赢得下属的高度尊敬，工作开展得有条不紊。但随着公司业务的不断扩展，郑先生的岗位职责将更多地涉及总体规划、财政控制、各职能部门协调关系等需要分析复杂问题且需具备广泛业务知识的工作。而郑先生的成功主要是由于他在销售方面的业绩，面对日趋繁重的任务，郑先生是否还有能力承担呢？公司想要继续留用郑先生，当务之急是为他制订一个培训开发计划。

【案例讨论与练习】

1. 请你为郑先生制订一个有效而可行的培训开发计划。
2. 针对所设计的培训项目特点，谈谈你准备如何评估郑先生的培训效果。

项目五

绩效管理

任务引入

美国通用公司前CEO韦尔奇在他的告别演说中总结了他多年经营企业的经验，他特别强调："如果我们不能够发现、挑战和发展这个世界最优秀的人才，那么我们注定一事无成。而这是通用电气最终的、最真实的核心要素。"

他说："我们的技术、我们的生意、我们的伸展度、我们的资源都不足以让我们成为世界第一，除非我们总是拥有最优秀的人才……他们总是发展自我，希望做得更好。而之所以能够做到这一点因为我们有严格的评估系统和在公司内对人的坦诚。"

在美国通用公司任何一个考核系统和奖励系统中把人群分为三个类别：最上端的20%、中端的70%和下端的10%。通用公司的领袖们明白不断的鼓励、启发和奖励上端的20%的必要性，并且不断地确认中端的70%保持和提高向上的热情。但是，他们也会用非常人道的方式督促下端的10%改变自我，他们每年都是这样做的。这就是企业繁荣的真正原因。

任务分析

从"任务引入"案例中我们看到：韦尔奇是将吸引和积聚人才并以此来提升组织的竞争力作为促进组织发展的手段，这实质上就是我们常说的绩效管理。什么是绩效呢?"绩效"的含义是非常广泛的，不同的时期、不同的发展阶段、不同的对象，绩效的界定可能不一样。如果要给"绩效"下一个统一的定义，绩效应该是和组织目标相关的行为表现、直接结果和预期收益的有机统一。绩效的表现形式主要体现在四个方面：(1) 工作行为；(2) 工作结果；(3) 工作行为加上工作结果；(4) 预期收益。绩效可以分为员工绩效和组织绩效。员工绩效是指员工在某一时期内的工作行为、工作结果、工作态度和预期收益的总和。组织绩效是指组织在某一时期内组织任务完成的数量、质量、效率、盈利状况以及组织文化和社会地位等方面的总和。那么，什么又是绩效管理呢?

绩效管理是一种系统地对一个组织或员工所具有的价值进行评价，并给予奖惩，以促进系统自身价值实现的完整过程。绩效管理的根本目的是绩效的改善和员工职业能力的不断提升，管理者改变了“警察”的身份而成为“教练”。“教练”也在挑员工的毛病，但挑毛病的目的不再是为了惩罚，而是为了让员工做得更好，因而管理者与员工之间对立的基础不存在了，绩效管理对员工来说是乐于接受的。

其实，美国的大企业都十分重视绩效管理。如福特公司针对那些绩效不良的雇员以及绩效平平被公司评价为“潜力有限”的雇员推出了一项慷慨的买断计划。他们希望通过绩效管理达到精简队伍、提高素质、降低人员成本来获得竞争优势的目的。

绩效管理是组织人力资源管理的重心。绩效管理可以有效地帮助组织和员工加强对组织目标的理解，强化目标执行过程中的协调，增进人际关系的和谐，保证经营目标的顺利实现。摩托罗拉公司甚至提出“人力资源管理＝绩效管理”的理念。

在本项目中，我们要完成以下的主要任务：

1. 绩效考核指标与绩效考核标准的设计；
2. 绩效考核方法的选择；
3. 绩效管理的流程设计。

知识链接

员工绩效是指员工在某一时期内的工作行为、工作结果、工作态度和预期收益的总和。

绩效考核也称绩效考评，是指考评主体对照工作目标或绩效标准，采用科学的考评方法，评定员工的工作任务完成情况、员工的工作职责履行程度和员工的发展情况，并且将评定的结果反馈给员工的过程。

绩效管理是为了确保管理者期望下属产生的工作行为、表现及其结果而进行的组织内的管理活动，是一套为保证组织完成其战略目标而设计的流程和规定。绩效管理包括组织目标设定、奖惩计划、日常反馈、评估和学习机制，是上级和下级一起完成的一种合作活动。

任务一　绩效考核指标和绩效考核标准的设计

教学目标

通过学习，使学生学会绩效考核指标和绩效考核标准的设计。

任务引入

东升公司总部会议室，袁总经理正在认真听取关于上年度公司绩效考核执行情况的汇报，听完后袁总经理陷入了沉思。原因是经过年度考核成绩排序，成绩排在最后几名的却是在公司干活最多的人。

东升公司成立仅四年，为了更好地进行各级人员的评价和激励，公司在引入市场化的用人机制的同时，建立了一套绩效管理制度。用人力资源部经理的话说是，细化传统的德、能、勤、绩几项指标，同时突出工作业绩的一套考核办法。其设计的重点是将德、能、勤、绩几个方面内容细化延展成 20 项指标，都作了定性的描述，考核时只需将被考核人实际行为与描述相对应，就可按照对应成绩累计相加得出考核成绩。

但是在主管人员填写评估表时却遇到了困难，因为表中的很多内容，他们感到无法填写。首先是员工的工作业绩，由于事先并没有将员工的业绩目标清楚地确定下来，光有指标，没有标准，在对业绩进行评估的时候很难判断做到什么程度算是“基本达到本职位的要求”，做到什么程度算是“完全达到本职位的工作要求”，销售人员尚有一定的销售额标准，其他人员基本上没有什么客观的标准可言，只能凭主管人员的主观感觉。对于工作态度方面的评估就更加困难了，由于平常没有记录收集员工工作态度方面的表现，到了年底的时候，主管人员的印象中只有最近一两个月的点滴记忆，前面十个月的工作表现的印象已经十分的模糊，这样对工作态度的评估就只能完全凭主观印象了，做事多的人，往往是意见多、错误多，结果考核中出现了一个奇怪的现象：原先工作比较出色和积极的员工的考核成绩却常常排在多数人的后面，一些工作并不出色的人和错误很少的人却都排在前面。

袁总找来了设备维修部王经理、财务部李经理了解情况。设备部王经理快人快语道：我认为本次考核指标需要尽快调整，因为它不能真实反映我们的实际工作，例如我们设备维修部主要负责公司电力机车设备的维护管理工作，总共只有 20 个人，却管理着公司总共近 60 台电力机车，为了确保它们安全无故障地运转，我们的工作必须是 100%的完成任务，不能有一次违规和失误，因为任何一次失误都是致命的，也是造成重大损失的。但是在考核指标中有“没有全部完成任务”的内容，我们的考核就是合格和不合格之说，不存在分数等级多少。

财务部李经理紧接着说道：对于我们财务部门，工作基本上都是按照规范和标准来完成的，平常填报表和记账等都要求万无一失，这些如何体现出创新的最好一级标准？如果我们没有这项内容，评估我们是按照最高成绩打分还是按照最低成绩打分？还有一个问题，我认为应该重视，财务工作经常得罪人，让被得罪的人评估我们财务，指标能体现它的公正性么？

听完大家的各种反馈，袁总想：难道公司的绩效指标体系本身设计的就有问题？问题到底在哪里？考核内容指标体系如何设计才能适应不同性质岗位的要求？

任务分析

东升公司在绩效考核中出现的“绩效考核指标体系缺少针对性的问题”是目前各类组织中普遍存在的现象，即用同一把尺子去衡量不同的岗位，其指标的针对性是没有办法解决的。从“绩效”的概念来看，不管绩效是过程、是结果，还是过程与结果的统一，都应该是可以理解、可以衡量和可以控制的，总之“绩效”是可以界定的。否则，“绩效”这一概念对组织就没有任何价值。问题是我们怎样去设计绩效考核指标和绩效考核标准才可以对绩效进行考核和管理。

知识链接

一、绩效考核指标与绩效考核标准

一般来说，指标是指从哪些方面对行为或结果进行衡量或评估，而标准是指在各个指标上分别应该达到什么样的水平。指标解决的是从哪些方面着手的问题，标准解决的是做得“怎么样”或完成“多少”的问题。标准是指标的具体化，当我们确定了绩效考核指标之后才能进一步确立绩效考核标准。对于可以量化的绩效考核指标，设定的标准通常是一个范围，如果被评估者的绩效表现超出标准的上限，则说明被评估者的绩效表现卓越；如果被评估者的绩效表现低于标准的下限，则表明被评估者存在绩效不足的问题，需要进行改进。对于非数量化的绩效考核指标，在设定绩效标准时往往从组织的目标出发，考虑“组织期望被评估者做到什么程度”来进行定性的描述。

二、绩效考核指标的设计

要想比较科学地进行绩效考核，就必须比较科学地进行绩效考核指标的设计，进而比较科学地设计绩效标准。绩效考核指标的设计应该根据不同组织的实际情况尽量的区别对待，不同的部门、不同的岗位其侧重点应当不同，用一把尺子去衡量所有的人肯定会产生不公平。如果用一把“弹簧尺”去衡量所有的人，高个子的人把尺拉长一点来量，矮个子的人把尺缩短一点来量，效果肯定会很好，因而在绩效考核指标的设计方面要富有弹性，要给各个部门选择的余地，但是要能保证从整体上进行比较。具体的技术问题我们在后面的绩效考核的方法部分进行阐述。从整体上来说，很多的组织在进行绩效考核指标设计的时候都是从本组织的生产经营的内容出发进行设计的，如从产品设计、产品生产、产品销售、后勤保障、财务管理等方面进行设计，再如从德、能、勤、绩四个方面进行设计。企事业组织一般应根据实际情况进行选择。

三、绩效考核标准的设计

绩效标准的衡量是对绩效考核指标达成程度的描述，对定性的指标一般采取非量化的方式进行描述，对定量的指标一般采取量化的方式进行描述。量化的方式是用具体数值进行区分的，而非量化的方式往往采取描述的方式来区分。

（一）描述性指标标准的设计

描述性指标标准可以是针对工作岗位的某一特定要素的，也可以是针对工作岗位的整体职责的。

1．整体性判断的描述分级标准设计

整体性判断的描述分级的标准只对工作要素或者工作职责从程度上综合的、笼统的划分成几个等级，对不同的标准不进行确切描述，因而是相对粗糙的，尽管它的定义比较简单，所需的考核成本较低。

2．分要素描述分级标准设计

由于缺乏客观性，整体性判断的分级描述判断起来却是相当困难。因为整体性判断的分级描述中涉及许多不同的绩效方面，包括知识、经验、行为、结果等各个绩效方面互相交叉在一起，每一个方面重要程度在不同的评估者的眼里是不同的，而且可能存在多次评估的问题。如某一员工可能是经验不足而产生了不理想的业绩，因而经验被评估了一次，结果又被评估了一次。因此，如果采用描述性指标标准评估方法时最好使用分要素描述分级标准设计。

3．无分级描述的标准设计

除了整体性判断的描述分级标准和分要素描述分级标准以外，还有一种更为粗糙和简单的做法，即只做要素程度的等级区分而不对不同等级的标准进行确切描述，在实际操作中，各个要素的分级标准是无法统一的，它只能依赖管理者对标准各个程度的自我理解，当管理者不能承担考核责任的时候，很容易使考核流于形式。

（二）量化指标标准的设计

量化指标是最能够精确描述状态的考核指标，目前被广泛使用在生产、营销、成本、质量等管理领域。但是，如果用量化指标来衡量某些管理职能的活动就显得有些力不从心。量化指标标准的设计需要考虑两个方面的问题：一是基准点的位置；二是指标标准等级的差距。

1．基准点的位置

基准点的位置在本质上是绩效考核者所预期的标准水平的位置，而不是我们在考核中的“中等绩效”的位置。在传统的考核中，不管绩效考核者采取五级尺度法还是七级尺度法都习惯把“中等绩效”作为“基准点”的位置。

基准点实际上就是绩效考核者预期的业绩标准，它应当处于衡量尺度的中央（部分特殊标准例外，如一些人身伤亡、火灾等重大恶性事故的指标，期望值的基准点可能在最高等级，因为我们的期望是重大恶性事故不发生)，向上和向下均有运动的空间。当一个员工的绩效水平达到基准点时，绩效考核者就说这个员工称职。当一个员工的绩效水平没有达到基准点时，绩效考核者就说这个员工不称职。当一个员工的绩效水平超过基准点时，我们就说这个员工是优秀的。

2. 指标标准等级差距

指标标准等级差距方面存在两种差异：一是尺度本身的差距；一是每一尺度差所对应的绩效差距。但是，这两个差距是结合在一起来描述绩效状态水平的。尺度差距实质上是标尺的差距，它可以是等距的，也可以是不等距的。在常规上，我们习惯把标尺做成等距等差的。至于绩效标准做成等差的还是不等差的要根据具体情况确定。一般来说，指标标准的上行差距越来越小，而指标标准的下行差距越来越大。这是因为从绩效基准点提高绩效的难度越来越大，从绩效基准点降低绩效却非常容易。但是，有时为了控制员工的绩效，增加他们达不到绩效基准的压力，也可以把基准点以上的差距加大，而把基准点以下的差距缩小。

知识延伸

1. 东升公司相关的绩效考核指标与绩效考核标准的设计。

行为或结果	指标类型	绩效指标	绩效标准
新产品设计	质量	创新性 实用性 性价比 市场推广的可能性 ……	至少有 3 个方面与竞争对手的产品明显不同 至少有 2 个方面比竞争对手的产品更加方便 使用轻型、环保的新材料 产品的价值超过了它的价格 在半年内，销售量会超过原来的产品 ……
产品生产	质量	实际费用与预算的变化 合格率 ……	实际费用比预算减少 5%以内 合格率与去年相比增加 2%～4%
产品销售	数量	年销售额 税前利润百分比 人工成本 ……	年销售额在 200 万～250 万 税前利润率 30%～35% 人工成本比去年减少 5%～8% ……

2. 绩效量化指标标准设计的方法，设计“人事费用率”的分级的分级量化标准。

绩效项目	项目权重	绩效指标	绩效指标定义	量化标准 绩效指标的评估等级按七级划分，7级为最高，1级为最低。	考核结果
绩效	75%	销售总量	各类品种销售量之和	以85000吨为4级，每增加3%，提升一个等级；每减少2%，降低一个等级	
		销售收入	各类品种销售收入之和	以5.4亿元为4级，每增加2%，提升一个等级；每减少1%，降低一个等级	
		资产利润率	利润额/量化资产额	以目标规定数额为4级，每增加3%，提升一个等级；每减少2%，降低一个等级	
		总成本费用	生产成本＋销售成本＋管理费用＋财务费用	以目标规定数额为4级，每减少5%，提升一个等级；每增加3%，降低一个等级	
		净利润	以事业部为单位的内部利润	以目标规定数额为4级，每增加3%，提升一个等级；每减少2%，降低一个等级	
		货款回收率	回款数额/实际商品发出价值额	以目标规定数额为5级，每增加0.5%，提升一个等级；每减少0.5%，降低一个等级	
		产品合格率	合格产品量/全部生产量	以目标规定数额为5级，每增加0.5%，提升一个等级；每减少0.5%，降低一个等级	
		市场覆盖率	实际供货市场/目标供货市场	以目标规定数额为7级，每减少0.5%，降低一个等级；每增加0.5%，提升一个等级	
		市场占有率	实际销售量/市场销售总量	以目标规定数额为4级，每增加1%，提升一个等级；每减少0.5%，降低一个等级	
		设备利用率	设备运行/设备能力	以80%为4级，每增加3%，提升一个等级；每减少2%，降低一个等级	
		安全生产	以人身伤残事故次数计算	以目标规定数额为7级，每发生重大一次人身事故，向下降低一个等级	
……		……			
合计					

考核反馈

1. 说说东升公司相关的绩效考核指标与绩效考核标准的设计针对性怎么样？

2. 仿照下面绩效量化指标标准设计的方法，你怎么设计“人事费用率”的分级的分级量化标准？

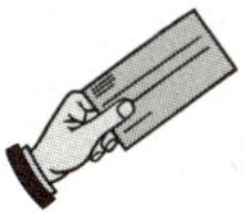

能力拓展

1. 王君的绩效考核问题出在哪里

王君最近的情绪糟糕透了，坐在办公室，冲着墙上那张《××年度销售统计表》发呆。这也难怪，全公司23个办事处，除自己负责的A办事处外，其他办事处的销售绩效全面看涨，唯独自己负责的A办事处作犬牙状，不但没升，反而有所下降。

在东升公司，王君是公认的销售状元，进入公司仅五年，除前两年打基础外，后几年一直荣获“三连冠”，可谓“攻无不克，战无不胜”，也正因为如此，王君从一般的销售员做到客户经理、办事处副主任，最后到了办事处最高负责人——办事处主任，王君的发展同他的销售绩效一样成了该公司不灭的神话。

王君担任A办事处主任后深感责任的重大，上任伊始，他身先士卒，亲率20名下属摸爬滚打，决心再创佳绩。他把最困难的片区留给自己，经常给下属传授经验。但事与愿违，一年下来，绩效令自己非常失望！

烦心的事还真没完。临近年末，除了要做好销售总冲刺外，公司年中才开始推行的“绩效管理”还要做。

王君叹了一口气，自言自语道：“天天讲管理，天天谈管理，市场还做不做。管理是为市场服务，不以市场为主，这管理还有什么意义。又是规范化，又是考核，办事处哪有精力去抓市场。公司大了，花招也多了，人力资源部的人员多了，总得找点事来做。考来考去，考的主管精疲力竭，考的员工垂头丧气，销售怎么可能不下滑。不过，还得要应付，否则公司一个大帽子扣过来，自己吃不了还得兜着走。”

好在绩效管理也是轻车熟路了，通过内部电子流系统，王君给每位下属发送了一份无分级描述标准的考核表，要求他们尽快完成自评工作。同时自己根据下属一年来的总体表现，利用一份同样无分级描述标准的考核表给每位下属打了分，打分是一件非常伤脑筋的工作，时间过去那么久了，下属又那么多，自己不可能一一都那么了解，谁好谁坏确实有些难以区分。不过，好在公司没有什么特别的要求，特别好与特别差的王君觉得自己还是可以把握的。

打完分，下属的自评差不多也结束了，王君随机选取4名下属进行了5～10分钟的考核沟通。问题总算解决了，考核又是遥远的下个年度的事情了，每个人又回到“现实工作”中去。

2. 运用所学的知识，根据上述案例中的情况帮助王君设计一份绩效考核指标和绩效考核的标准。

任务二　绩效考核方法的选择

教学目标

通过学习，使学生学会绩效考核的方法选择。

任务引入

东升公司一年一度的考核结束了，设备部的小吴又被王经理考核为“差”，这已经是第二次了，按照公司人力资源管理的规定，如果连续三次被考核为“差”就要解聘。小吴知道这个结果以后赶紧跑到人力资源部投诉，小吴说：“论学历我名牌大学毕业，论技术我都在这个岗位上干七八年了，论态度对于领导布置的工作任务我从没有讨价还价，总是不折不扣的完成，论合作精神，我和同事们从没有翻过脸。王经理考核我为‘差’的最主要的原因是上次车展的时候，我们碰巧相遇，我看上了一款车想买，王经理叫我不要买，说他有朋友在卖这样的车，我买车心切，当时就买了，结果就得罪了王经理，从那以后他一直给我小鞋穿，和我说话不是吹胡子，就是瞪眼睛，上一次我实在忍无可忍了就顶撞了他一句，这不又给我考核为“差”，要撵我走人，这种只有领导说了算的一厢情愿的考核是极度不公平的”。

任务分析

小王的投诉在现实生活中是十分常见的，问题就出在单一主体的考核方法上，考核问题由上司一个人说了算，主管一锤定音，如果上下级有隔阂，上级因私废公，借考核打击报复就有可能发生。另外，上级也有自己的其他工作，不可能对员工所有的工作行为和结果都做到详细的了解，也不可能知道每一个员工工作内容的难易和应当具备的绩效标准，这种考核方法不可避免地存在一定的缺陷。在东升公司选择多样化的绩效考核方法可以避免小吴的遭遇发生。

知识链接

一、绩效考核方法的分类

绩效考核的方法有很多，为了便于教学，我们可以把绩效考核的方法分为以下几类。

（一）系统的考核方法

系统化的考核方法强调组织是一个整体，每一个部门、每一岗位都作为整体中的有机组成部分而存在。目前常常使用的系统化的方法有：与组织年度经营计划相联系的目标管理法；以确保组织在行业上竞争优势的标杆超越法；以提高组织核心竞争的关键业绩指标法；以全面衡量组织经营能力的平衡记分卡法等。系统的考核方法多与组织的战略目标、企业文化、经营目标、核心能力培养等目的相关。

（二）关键职务职责考核方法

关键职务职责考核方法考核的是组织中的关键职位，关键职位中的关键职责，其中既有相对的方法（如交替排序法、因素排序法、配对比较法、人物比较法、强制分布法等），也有绝对的方法（如图表尺度法、关键时间法、行为标准法、点检法等）；既有定性的方法

(如述职报告法、要素评语法、人物评语法等),也有定量的方法(如增减分法、指标法、系数法等)。而且各种方法在分类中互相交叉。

(三) 绩效过程控制考核方法

绩效过程控制考核方法一般突出对常规性工作任务进行控制,强调对程序的遵循和对工作过程中行为态度的特定要求,如基于流程的考核法、行为特征控制法等。

(四) 能力素质考核方法

能力素质考核方法突出考察人员的任职资格和职业能力,特别适应那些职责领域不清晰、目标任务变化快、工作的非程序化程度高的职业群。因为这类职务业绩的特点在于员工的能力高低和努力大小,在努力同等状态下,能力是业绩水平高低的决定因素。能力素质考核方法包括心理测量法、无领导小组讨论、公文处理法、潜能评价法、角色扮演等。

二、绩效考核方法的选择

从大部分企事业组织绩效考核的实际来看,绩效考核的方法要么侧重组织目标,要么侧重岗位职能。企事业组织都有自己的目标,目标的实现是通过岗位的职能来达成,目标和职能是统一的。但在绩效考核方法选择的时候,目标与职能之间存在一定的矛盾。如果采取目标导向的考核方法,那些不在目标视野内的职能可能被忽略;如果采取关键职务职责考核法,又可能使目标被忽视,因为有的岗位和目标的直接关联性较小。因此,绩效考核者在选择绩效考核方法的时候必须能满足目标和职能两个方面的要求,然后通过职能目标的分解来确保有效实现组织的目标。因此,当目标与职能发生冲突的时候,职能服从于目标。目标是变化的,职能是相对固定的,如果目标服从职能的话,组织就不能对变化的经营要求做出恰当的反应。

具体说来,绩效考核方法的选择可以从以下几个方面来进行选择。

(一) 根据组织的文化特征来选择

不同的组织,其生产、经营的范围不同,管理理念不同,组织的分工特征、技术特征、人员特征不同,管理文化的特征相差很大,对绩效形成的影响很大。同组织文化特征相适应的绩效考核方法就能够顺利推行,产生好的效果,同组织文化特征不适应的绩效考核方法很容易失败。因此,在选择绩效考核方法的时候需要认真考虑。

具有松散型组织文化特征的单位(如政府部门),不十分注重员工个人的工作绩效。一般以部门为单位进行绩效考核。绩效考核可以选择定性的,操作比较简便的方法。

具有严厉型组织文化特征的经济型组织(如公司),强调员工尤其是经理人要像他们自己承诺的那样干出成绩,公司甚至向员工提出一些不够实际的工作目标作为绩效要求,使被考核的人对目标的制定和修订感到紧张和担忧。绩效考核应该选择系统的方法。

具有爱心型组织文化特征的组织,不会要求员工实现过高的工作绩效而比较重视员工的进一步发展。绩效考核一般应该选择定性的，以能力素质为主的绩效考核方法。

具有综合型组织文化特征的组织，一方面非常重视员工既有绩效，对员工个人的学习、成长及其价值实现由衷尊重，另一方面非常重视组织针对市场环境和竞争环境而实施的绩效管理。组织把对员工的绩效考核融入日常管理之中。绩效考核一般应该选择具有综合性的绩效考核方法。

（二）根据考核对象的特征来选择

绩效考核方法的选择要考虑其适应性。从考核对象的角度看，不同的考核对象对考核方法的适应性也不同。如常规性工作的考核方法以强调对程序、规范、工作纪律服从为特征；而对产品研究开发人员的绩效考核更强调对其基本素质和创造性的考核；对组织的中高层管理人员的绩效考核则强调管理技能的考核和管理效果的考核等。

（三）根据考核成本来选择

绩效考核的目的是为了提高组织管理的效率，因而考核的本身也应该注意成本的节约，在能达到同样效果的情况下，哪一种方法能节约成本就应该选择哪一种绩效考核的方法。

（四）根据管理者的能力和态度来选择

绩效考核方法的难易程度差异很大，它对管理者的能力和管理素质有不同的要求。所以，不论采取什么样的绩效考核方法都需要各级管理者具备相应的能力，因而有必要进行培训。此外，管理者对待绩效考核的态度也是能否有效地进行绩效考核的关键和前提条件。管理的问题是管理者的问题，管理者对待绩效考核的态度决定了绩效考核的一切。

知识延伸

常见的几种基本的绩效考核方法

一、经验排序法

就是考核主体依据自身的经验判断，把所有待评价的员工的绩效按照优劣的顺序进行排列，由此确定每个员工绩效的大小。有时为了提高其精度，也可以将绩效的内容进行适当的分解，分项按照优良的顺序排列，再求出平均的序数。这种方法的优点是计算简单，省时省力，简便易行；缺点是主观随意性大，完全由评价人员凭经验决定，不同的评价人员评价的结果往往不一样。不能用于比较不同部门的员工，个人取得的具体的操作方法有卡片排列法、配对比较法两种。

二、强制分布法

强制分布法也称强迫分配法、硬性分布法。假设员工的工作行为和工作绩效整体呈正态分布，那么按照状态分布的规律，员工的工作行为和工作绩效好、中、差的分布存在一定的比例关系，在中间的员工应该最多，好的、差的是少数。强制分布法意味着提前确定不同绩效等级的员工比例，从而将被评价者分别归类到一个绩效等级中去。从最优到最差的百分比根据需要确定。例如：

绩效最好	10%
绩效较好	20%
绩效中等	40%
绩效合格	20%
绩效不合格	10%

当然从最优到最差的百分比也可以是5%，20%，50%，20%，5%等。

采用这种方法比较简单，也相对公平，可以避免考评者过于严厉或者过于宽容的情况发生，克服平均主义。比较适用于规模较大、工种繁多的组织，一般不适用于三两个人的小型组织。当然，如果员工的能力分布不成正态，该方法就不适合了，即这种方法不利于调动优秀班组里所有员工的积极性，对于绩效平平的部门也要“矮子里拔将军”。强制分布法只能把员工分成几种有限的类别，难以具体比较员工的差别，也不能在诊断工作问题时提供准确可靠的信息。

三、360度考核

360度考核也称全方位考核或全视角考核，有员工的上司、同事、下属、客户和员工自己等，就德、能、勤、绩或者是围绕组织的战略目标（定位），从财务、顾客、内部过程、学习与创新等方面对员工绩效进行全面考核。360度既包括考核主体的全面性，也包括考核内容的全面性。

这种方法的出发点就是扩大考核者的范围与类型，从不同层次的人员中收集考核信息，从多个视角对员工进行综合考核。然后，由人力资源部门或者外部专业人员根据有关人员对被考核者的考核，对比被考核者的自我考核，向被考核者提供反馈，以帮助被考核者提高其能力水平和业绩。这种方法的目的是为了达到有效的考核，从所有可能的渠道收集信息，获取组织成员行为观察资料，集中各种考核者的优势，使考核结果公正而且全面。因此，它与传统的自上而下考核的本质区别就是其信息来源具有多样性，从而保证了考核的准确性、客观性和全面性。

360度考核也有缺点，由于侧重全面性，注重员工的全面衡量，组织生产经营的战略目标被弱化，定性的指标比较大，定量的目标比较少，由此会削弱绩效目标的意义，即个人对组织的贡献，长此以往员工关心的不是做了什么、结果如何，而是做事的方式怎样，领导、同事是否满意。360度考核涉及的数据和信息比单渠道考核方法要多得多，由于大量的信息要汇总，搞得不好，这种方法会变成机械地追逐文字和材料，把人的直接沟通变成了表格和印刷材料的沟通。

四、关键绩效指标考核法

关键绩效指标（Key Performance Indicator，KPI）是指组织宏观战略目标决策经过层层分解产生的可操作性的战术目标，是宏观战略决策执行效果的监测指针。关键绩效指标用于考核和管理被考核者绩效时必须是可量化的或可行为化的标准。关键绩效指标用于考核和管理被考核者绩效时是把组织战略目标细化到基层部门及岗位，成为连接个体绩效与组织战略目标的一个桥梁，对员工的行为起到直接的指导作用。

KPI 是衡量组织战略实施效果的关键指标，其目的是建立一种机制，将组织战略转化为内部过程和活动，以不断增强组织的核心竞争力和持续地取得高效益，使考核体系不仅成为激励约束手段，更成为战略实施工具。通过关键绩效指标的建立可以传递市场压力，使工作聚焦、责任到位、成果明确。通过关键绩效指标的牵引使得个人目标、部门目标与组织目标之间保持一致，从而保证组织的长足发展。

通过在关键绩效指标上达成的承诺，员工与管理人员就可以进行工作期望、工作表现和未来发展等方面的沟通。管理人员和员工在沟通时就可以有共同的语言、共同的目标。因为关键的绩效是可量化的或是可行为化的，为员工的价值评价提供了客观公正的数据，可最大限度地避免各级主管因各种人为因素而造成的价值评价偏差，保证员工对立足于关键指标而建立的价值评价系统的认同。

基于关键绩效指标体系进行绩效考核遇到的一个很实际性的问题就是很难确定客观的量化的关键绩效指标。组织在具体操作时普遍感到，对于生产型或销售型的工作，比较容易设定量化的考核指标，可以较为客观地进行考核，而对于某些职位来说进行关键绩效指标的设计则比较困难。关键绩效指标体系的指标在分解中会走样，导致考核指标及考核标准无法与组织目标的相一致，或者是无法落实操作。此外，工作产出难以界定，工作性质既不能量化，也不能行为化，跨部门的绩效指标体系的冲突等都是现实存在的。

应当指出的是，组织的关键绩效指标体系不是一次就能完成的，组织在建立了初步的关键绩效指标体系之后，经过试运行，然后收集各方面人员的意见，对所建立的关键绩效指标体系进行补充、修改，使其不断完善，并最终确立稳定可行的关键绩效指标体系。

考核反馈

1. 你能帮助一家小企业设计一套完整的绩效考核方法吗？
2. 关键绩效指标如何设计？

能力拓展

1. 下图是用配对比较法对 A、B、C、D、E 五个员工的工作质量和创造性进行绩效考核，请判断一下哪一位员工的工作质量最高，哪一位员工的创造性最强？

就“工作质量”要素所做的评价						就“创造性”要素所做的评价					
比较对象	A	B	C	D	E	比较对象	A	B	C	D	E
A		+	+	−	−	A		−	−	−	−
B	−		−	−	−	B	+		−	+	+
C	−	+		+	−	C	+	+		−	+
D	+	+	−		+	D	+	−	+		−
E	+	+	+	−		E	+	−	−	+	

2. 360 度考核的各个考核主体其考核分值在整个考核中应该各占多少比重。

顾名思义，360 度就是多角度或多视角。我们可以把它设想成一个圆圈，被考核者处于圆心，考核者分布在被考核者的四周(参见图 5-1)。

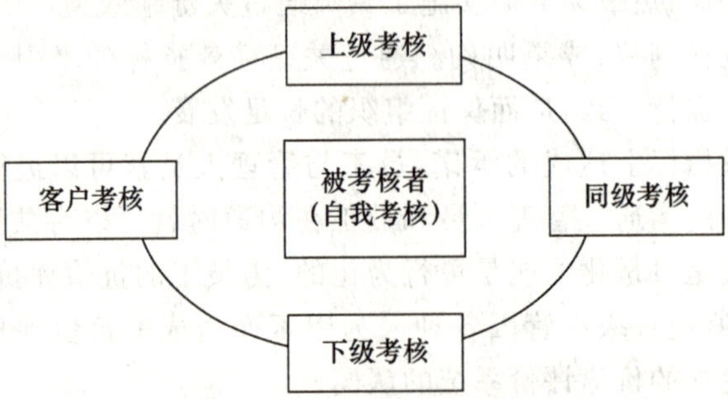

图 5-1　360 度考核反馈示意图

(1) 上级考核

管理人员（上级）是被考核者的上级主管，他对被考核者承担着直接的领导、管理与监督责任，对下属人员是否完成了工作任务、是否达到了预定的绩效目标等实际情况比较熟悉，而且在思想上也没有更多的顾忌，能较客观地进行考核，所以在绩效管理中，一般以上级主管的考核为主，其考核分数对被考核者的结果影响很大，约占 60%～70%，如果直接上级考核不能占主要部分，那么工作任务的布置和落实将受到影响。

(2) 同级考核

同事通常与被考核者共同处事，密切联系，相互协作，相互配合，被考核者的同事比其上级更清楚地了解被考核者，对其潜质、工作能力、工作态度和工作业绩了如指掌，但他们在参与考核评价时常受人际关系状况的影响，所以在绩效管理中，同级的考核占有一定的份额，一般控制在 10% 左右，不宜过大，以防员工之间拉帮结派、排除异己。

(3) 下级考核

被考核者的下级与上述考核者不同，作为被考核者的下属，对被考核者的工作作风、行为方式、实际成果有比较深入的了解，对被考核者的一言一行有亲身的感受，而且有独特的观察视角，但他们对被考核者又容易心存顾虑，致使考核的结果缺乏客观公正性，所以被考核者的下级评定结果在总体评价中一般控制在 10%左右。

(4) 自我考核

被考核者对自己的绩效进行自我考评能充分调动被考核者的积极性，特别是对那些以“实现自我价值”为工作目标的人更显重要。在绩效管理中，由于自我考评涉及个人的切身利益，容易受到个人的多种因素的影响，使自我考核具有一定的局限性，所以自我考核评定在总体评价中一般控制在 10% 左右。

(5) 外人考核

外部人员即被考核者所在部门或小组以外的人员(如直接服务的客户)，他们虽能较客观公正地参与绩效考评，但他们很可能不太了解被考核者以及其能力、行为和实际工作的情况，使外人考核结果的准确性和可靠性大打折扣。在实际考核中，采用外人考核的形式时应当慎重考虑。

任务三　绩效管理的流程设计

教学目标

通过学习，使学生学会绩效管理的流程设计。

任务引入

M 公司是一家软件开发公司，目前已经开发出五版软件，公司原来一直走发展渠道的模式，自己开发市场，现在已经初见成效，接到许多的软件订单。但是技术部却出现了很大的问题，因为几个老技术人员的离去，一个新的技术人员 E 君渐渐成为项目部的中心人物(因为只有 E 君比较了解公司的一些机密代码和流程)，但是 E 君是技术部办事最拖拉的一个，以至于现在凡是 E 君经手的项目都得不到很好的完成(但是别的人又无法接手 E 君的工作)，现在因为 E 君，该公司已经有四五个项目都不能按时完成。市场部在员工大会上已经提到这一点，但老板一直不敢辞退 E 君，因为怕这样一来公司会陷入瘫痪。

举个例子：市场部接了一个项目，是 E 君项目部下面的一个程序员甲做的，该程序员把这个项目做好以后出现一些问题，然后市场部在与他们沟通时，E 君就说：甲做的不行，解决的办法就是由 E 君重做，老板问：多长时间能做完？该君答：两个星期。两个星期过去了，项目依然没做好，老板问：为何？E 君答：出现一点程序问题，还要两天。两天后，该系统彻底死掉，开员工会时，市场部经理追问：为何会出现这样的问题？E 君答曰：没办法，有一个系统问题解决不了，再有两天绝对能做好。就这样又是两个星期都过去啦，E 君还说：需要两天……

后来请走掉的技术员回来帮助解决，两天全部做完。可 E 君还在重复他的“过两天”，以至于市场部的人看到 E 君就怕。但是，E 君有一个很大的做人技巧，就是老板很看重他，依赖他支撑着技术部的工作，他能把两天能做完的事，拖到星期六拿加班费……

任务分析

E 君的工作结果对 M 公司很重要，E 君的绩效很低，由于他掌握着本单位的技术命脉，又不能轻易地开除他，管理 E 君这样的员工不能只看工作结果，而要在他的工作过程上进行管理。现在来学习怎样对 E 君这样的员工进行全面的绩效管理。

知识链接

一、绩效管理的一般流程

通常，我们把绩效管理体系分为三种类型，依次是以控制为导向的、以发展为导向的和以经营为导向的。目前，这三种导向的绩效管理都普遍存在于大大小小的组织或政府之中。控制导向的绩效管理其实就是将绩效考核等同于绩效管理，将考核结果仅仅当作发放工资、晋升调职的一个依据，与员工和组织的绩效改进和战略实现是相脱节的。而发展导向的绩效管理和经营导向的绩效管理就直接与员工、组织的目标、战略实现相关联，是真正意义上的绩效管理。三种类型的绩效管理的流程设计基本上都是相同的。图 5-2 所示是绩效管理的一般流程。

绩效管理的过程通常被看做是一个循环，这个循环分为绩效计划、绩效实施、绩效考核、绩效反馈与面谈以及绩效结果的应用（包括绩效改进和导入，以及其他人力资源管理环节的应用）五步。

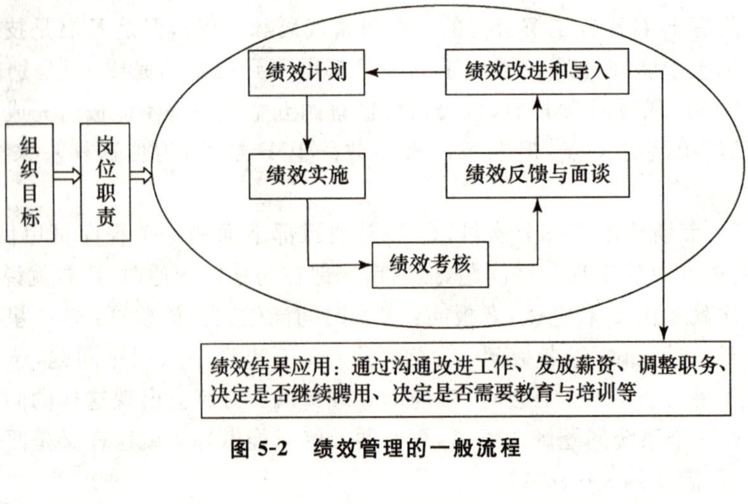

图 5-2　绩效管理的一般流程

二、持续的绩效沟通

绩效实施的过程是一个持续的绩效沟通和绩效信息收集和分析的过程。持续的绩效沟通可以使一个绩效周期里的每一个人，无论管理者或是员工，都可以随时获得有关改善工作的信息，并就随时出现的变化情况达成新的承诺。内容和形式是决定一个事物的两个最主要的方面。采取何种沟通方式在很大程度上决定着沟通的有效与否。沟通的方式可以分为正式沟通和非正式沟通。正式沟通又可以分为书面报告、定期面谈、小组会议或团队会议、咨询和进展回顾。

信息的收集和分析是一种有组织的系统的收集有关员工、工作活动和组织绩效的方法。没有有据可查的信息，就无法对员工工作结果进行评价并提供反馈；没有准确必要的信息，就无法使整个绩效管理的循环不断进行下去并对组织产生良好影响。信息收集的方法通常包括观察法、工作记录法、他人反馈法等，前面已有叙述，这里不再重复。

三、绩效反馈与面谈

绩效管理的过程并不是为绩效考核打出一个分数就结束了，主管人员还需要与员工进行一次甚至多次面对面的交谈。通过绩效反馈面谈，主管可以把绩效信息反馈给员工，员工可以进一步了解主管对自己的期望，了解自己的绩效，认识自己有待改进的方面，并且员工也可以提出自己在完成绩效目标中遇到的困难，请求上级的指导。

知识延伸

1. 持续的绩效沟通方式的优点和缺点

	优　点	缺　点
书面报告	节约了管理者的时间 解决了管理者和员工不在同一地点的问题 培养员工边工作边总结，进行系统思考 培养员工的书面表达能力 可以在短时间内收集大量信息	信息单向流动，从员工到管理者 容易流于形式，员工厌烦写报告 适用性有限，不适合以团队为工作基础的组织，信息不能共享
定期面谈	沟通程度较深 可以对某些不便公开的事情进行沟通 员工容易对管理者产生亲近感，气氛融洽 管理者可以及时对员工提出的问题进行回答和解释，沟通障碍少	面谈时容易带有个人感情色彩 难以进行团队间的沟通
团队会议	便于团队沟通 缩短信息传递的时间和环节	耗费时间长，难以取得时间上的统一性 有些问题难以在公开场合进行讨论 容易流于形式，走过场 大家对会议的需求不同，对信息会有选择性的过滤
非正式沟通	形式多样，时间地点灵活 及时解决问题，办事效率高 提高员工满意度，起到很好的激励作用 增强员工与管理者之间的亲近感，利于沟通	缺乏正式沟通的严肃性 并非所有的情况都可以采用非正式沟通

2. 绩效面谈时如何根据下属的不同情况选择不同的绩效策略

绩效面谈时可以根据下属的不同情况选择不同的绩效策略。

贡献型(好的工作业绩＋好的工作态度)：贡献型下属是中层经理创造良好团队业绩的主力军，是最需要维护和保留的。面谈策略应是：在了解公司激励政策的前提下予以奖励；提出更高的目标和要求。

冲锋型(好的工作业绩＋差的工作态度)：冲锋型下属的不足之处在于工作忽冷忽热，态度时好时坏。对此可分析其原因，多缘于两方面：第一种是性格使然，喜欢用批判的眼光看待周围事物，人虽然很聪明，但老是带着情绪工作，第二种是沟通不畅所致。对此下属，切忌两种倾向：一是放纵(工作离不开冲锋型的人，工作态度不好就不好，只要干出成绩就行)；二是管死(光业绩好有什么用，这种人给自己添的麻烦比做的事多，非要治治不可)。对于冲锋型的下属，采取的面谈策略应当是：沟通，既然冲锋型下属的工作态度不好，只能通过良好的沟通建立信任，了解原因通过日常工作中的辅导改善工作态度，不要将问题都留到下一次绩效面谈。

安分型(差的工作业绩＋好的工作态度)：安分型下属的工作态度不错，工作兢兢业业、认认真真，对上司、公司有很高的认同度，可是工作业绩就是上不去。对他们面谈的策略应当是：以制订明确的、严格的绩效改进计划作为绩效面谈的重点；严格按照绩效考核办法予以考核，不能因为态度好代替工作业绩不好，更不能用工作态度掩盖工作业绩。

堕落型(差的工作业绩＋差的工作态度)：堕落型下属会想尽一切办法来替自己辩解，或找外部因素，或自觉承认工作没做好。对此下属的面谈策略应当是：重申工作目标，澄清下属对工作成果的看法。

(资料来源：《绩效管理》，付亚和、许玉林)

考核反馈

1. 绩效管理有什么作用？
2. 绩效管理的基本流程是什么？
3. 简答题

(1) 绩效指标和绩效标准有什么联系和区别？

(2) 绩效沟通和绩效反馈有什么联系和区别？

4. 任务二的“任务引入”中小吴的投诉应当如何解决？
5. 任务三的“任务引入”中E君的绩效应当如何管理？

能力拓展

1. 针对持续的绩效沟通方式各自的优缺点，我们如何在工作中把它们有效地结合起来使用？
2. 实际考察一家小企业，帮助其设计或改进一份绩效考核制度。
3. 绩效面谈时如何根据下属的不同情况选择不同的绩效策略？

本章小结

员工绩效是指员工在某一时期内的工作行为、工作结果、工作态度和预期收益的总和。

绩效考核也称绩效考评，是指考评主体对照工作目标或绩效标准，采用科学的考评方法，评定员工的工作任务完成情况、员工的工作职责履行程度和员工的发展情况，并且将评定的结果反馈给员工的过程。

绩效标准的衡量是对绩效考核指标达成程度的描述，对定性的指标一般采取非量化的方式进行描述，对定量的指标一般采取量化的方式进行描述。

在我们选择绩效考核方法的时候，必须能满足目标和职能两个方面的要求，然后通过职能目标的分解来确保有效实现组织的目标。

绩效管理的过程通常被看做是一个循环，这个循环分为绩效计划、绩效实施、绩效考核、绩效反馈与面谈以及绩效结果的应用五步。

综合练习题

从“合伙关系”、“可操作性”、“沟通”等层面分析摩托罗拉关于绩效管理定义的内涵

关于管理与绩效管理，摩托罗拉有一个观点，就是企业＝产品＋服务，企业管理＝人力资源管理，人力资源管理＝绩效管理。可见，绩效管理在摩托罗拉公司的地位是多么的重要。正是因为重视，绩效管理才开展的好，正是因为定位准确，摩托罗拉的业绩才会越来越好，员工才会越来越有干劲，企业的发展才会越来越有希望。

摩托罗拉给绩效管理下的定义是：绩效管理是一个不断进行的沟通过程，在这个过程中员工和主管以合作伙伴的形式就下列问题达成一致：

(1) 员工应该完成的工作；

(2) 员工所做的工作如何为组织的目标实现作贡献；

(3) 用具体的内容描述怎样才算把工作做好；

(4) 员工和主管怎样才能共同努力帮助员工改进绩效；

(5) 如何衡量绩效；

(6) 确定影响绩效的障碍并将其克服。

从上面并不烦琐的定义里可以看出，绩效管理在摩托罗拉的地位，绩效管理关注的是员工绩效的提高，而员工绩效的提高又是为组织目标的实现服务，这就将员工和企业的发展绑在了一起，同时也将绩效管理的地位提升到了战略的层面，战略地看待绩效管理，战略性地制定绩效管理的策略并执行策略。

同时，这个定义还特别强调了员工和主管是合作伙伴的关系。这种改变不仅仅是观念的改变，而且是更深层次的观念创新，给了员工更大的民主和自由，也在一定程度上解放了管理者的思维。随着这种观念的深入，员工和主管的关系将更加和谐，他们之间会有更多的互动、互助和互补，这也正是绩效管理致力要做到的工作。

此外，这个定义也强调了具体的可操作性，即工作内容的描述要具体，衡量绩效的标准要具体，影响绩效的障碍要具体。只有具体的东西才有解决的可操作性。

在明确绩效管理概念的基础上，摩托罗拉是将绩效管理上升到了战略管理的层面，并给予了高度的重视，这给我们许多的企业做出了榜样，树立了学习的模范。企业的发展就是要走出去、引进来，不断学习先进的管理经验并应用于本企业，企业才会兴旺发达，员工才会努力工作，与企业共兴亡。

进一步强调绩效管理是一个系统，用系统的观点看待绩效管理，将绩效管理置于系统中，使其各个组成部分互相作用，并以各自独立的方式一起工作以完成既定的目标。在摩托罗拉，绩效管理是公司人力资源战略的一个部分，是评价员工绩效的一种方式，是着重提高员工个人综合技能的一种过程，是将员工绩效与公司的任务与目标相联系的一种工具。

摩托罗拉认为，绩效管理由五个组成部分：绩效计划与目标制订，持续不断的绩效沟通，事实的观察、收集和记录，绩效评估会议，绩效诊断和提高。

1. 绩效计划与目标制订

在这部分里，主管与员工就下列问题展开讨论和沟通：

(1) 员工应该做什么；

(2) 工作应该做到多好；

(3) 为什么要做该项工作；

(4) 什么时候要做该项工作；

(5) 其他相关的问题：环境、能力、职业前途、培训等。

在这个过程中，主管和员工就上述问题意见达成一致，并最终形成签字记录。这样也就确立了员工的绩效目标。绩效目标是整个绩效管理循环的依据和绩效考评的依据。因此，需要花费必要的时间和精力来完成。在摩托罗拉大约用一个季度的时间，摩托罗拉第一个日历季度就是绩效目标制定季度。

摩托罗拉的绩效目标包括两个方面：一部分是业务目标，另一部分是行为标准，两者相互补充，共同为员工绩效的提高和组织绩效的目标的实现服务。

2. 持续不断的绩效沟通

摩托罗拉的沟通贯穿在绩效管理的整个过程里，而不仅仅是年终的考核沟通里。摩托罗拉强调全年的沟通和全通道的沟通。这一点在摩托罗拉手机的广告词中也有体现：沟通无极限。之所以要持续不断的进行沟通是因为沟通是一个双向的过程，其目的在于追踪绩效的进展，识别影响绩效的障碍，为双方提供所需信息。沟通具有前瞻性，通过沟通达到防患于未然的目的，或者问题刚一出现的时候给予及时解决。沟通可分为定期与非定期、正式与非正式等形式，随时可以就某一问题展开专门对话。在这个过程中主管形成必要的文字记录，必要时经主管和员工双方签字认可。

3. 事实的观察、收集和记录

为年终的考核做准备，主管需要在平时注意收集事实，注意观察和记录必要的信息。在收集过程中，注意收集与绩效有关的信息，记录员工好或者不好的行为。收集信息应该全面，好与不好的都要记录，形成书面文件，必要时要经主管与员工签字认可。

进入四季度，也就进入了绩效管理的收官阶段，到了检验一年绩效的时候了。

4. 绩效评估会议

摩托罗拉的绩效评估会议非常讲究效率，一般集中某段时间进行，此时所有的主管集中在一起进行全年的绩效评估。它主要包括以下四个方面：

(1) 做好准备工作，包括员工自我评估；

(2) 对员工的绩效达成共识，根据事实而不是印象；

(3) 评出绩效的级别；

(4) 不仅是评估员工，而且是解决问题的机会。

最终形成书面的讨论结果并以面谈沟通的形式将结果告知员工。考核结束并非绩效管理的结束，而是进入一个非常重要的诊断过程。

5. 绩效诊断和提高

这个过程是用来诊断绩效管理系统的有效性，用来改进和提高员工绩效的。它主要包括以下四个方面：第一，确定绩效缺陷及原因；第二，通过指导解决问题；第三，绩效存在缺陷不仅是员工的责任；第四，进行不断的绩效诊断。关于这一点，摩托罗拉也有一个非常实际有效的衡量工具，包括以下 10 个方面：

(1) 我有针对我工作的具体、明确的目标；

(2) 这些目标具有挑战性，但通过努力可以达到；

(3) 我认为这些目标对我有意义；

(4) 我明白我的绩效是如何被评估的；

(5) 我觉得那些绩效标准是恰当的，因为它们测量的是我应该做的事情；

(6) 在达到目标方面我做得如何，我能得到及时的反馈；

(7) 我觉得我得到了足够的培训；

(8) 公司给我提供了足够的资源，如钱、仪器、人员等，使我达到目标成为可能；

(9) 当我达到目标时，我得到了赞赏和认可；

(10) 奖励体系是公平的，我因为自己的成功而得到奖励。

每一项有 5 个评分标准，这样通过打分可以得知一年来的绩效水平如何，差距在哪里，从而能针对性的改进和提高绩效水平。

此外，摩托罗拉的绩效考核表里没有分数，而是运用等级法，实行强迫分配法，这样既能区分出员工的绩效差别，又可以避免了因几分之差导致的无谓争论。

在与薪酬管理挂钩上，摩托罗拉也采取了大致的强迫分配法，而不是精确的联系，因为绩效管理致力的是员工绩效的提高，而不是仅仅为薪酬服务。

（资料来源：摘自《管理世界》，《摩托罗拉的绩效管理》）

项目六

薪酬福利管理

任务引入

2006年元旦过后，北京气温骤降，大雪纷飞，听着呼啸的北风，健尔益食品公司总裁戴海清的心里也沉甸甸的。马上就要过春节了，正是销售旺季，在这个节骨眼上，上海分公司销售部的顶梁柱一个接一个地提出了辞职。华北分公司也报告说，新招进来的销售人员大多在试用期未满之前就会走人。

所谓不患寡而患不均，这是一个历史遗留问题。健尔益销售公司成立于2002年，是菲菲集团为了整合营销渠道而新设立的销售公司，80%的员工属于销售人员，他们来自菲菲集团原有的4个分公司，因此基本上还拿着原来公司的工资。由于当初北方两家分公司的效益比南方两家好很多，于是北方的销售人员一直拿着比业内平均水平高得多的薪水。而南方的销售人员则相反，到手的薪水比起同地区、同行业的销售人员足足要少30%左右。干着同样的活儿，别人拿的薪水却超出自己好大一截，谁会乐意？

其实，针对这些问题，公司也在想办法。2005年6月，健尔益公司发布了新的薪酬体系方案，出台了“老人老办法，新人新办法”，公司指望通过逐步到位的薪酬调整，慢慢解决这个问题，实现薪酬调整的“软着陆”。

这次薪酬改革，主要是针对销售部和市场部。首先，公司将销售部和市场部的总体薪酬水平调高了10%左右。与此同时，销售人员的固定工资由原来的80%下调到了70%，市场部的也由原来的90%下调到了80%。对于这个变化，两个部门的人都很不服气。因为浮动工资的发放取决于销售指标的达成，而销售指标是年初就定下来的，定得相当高。到了年中，突然告诉他们固定工资比例下降、浮动工资比例上涨，当然没人乐意了。况且原来工资水平有落差的问题在这次方案中也没有得到解决，大家的怨气就更重了。

其次，公司在绩效考核体系设置了一些关键指标，并给各个指标设定了相应的权重。比如，对销售人员销售额中品类结构配比的考核权重由原来的5%提高到了10%。但是看起来，这个调整似乎还是提不起销售人员对于销售“新品”的兴趣，经过仔细核算公司的考核指标，他们自己设计了“抓大放小”的对策。这可苦了市场部推广新品的品牌经理，因为依据公司的考核体系，他们也需要对自己负责的新品销售额负责。于是乎，市场部人员对公司考核体系更是牢骚满腹。

除了销售部和市场部问题重重以外，这次薪酬调整没有涉及的职能部门也是怨声载道。由于健尔益公司是一个销售主导型的公司，原本这些职能部门的员工就觉得低人一等。现在倒好，薪酬调整又没自己的份，你说失落不失落。如今，财务部和人力资源部的很多员工都打起了“出走”的算盘。

面对如此多的问题，健尔益公司的总裁戴海清有点无所适从。到底是这次薪酬体系的调整有问题，还是执行过程中有什么偏差？要不要继续把新的薪酬体系推行下去呢？戴海清到底应该怎么办？

（资料来源：http://www.chinahrd.net/case/info/56148）

任务分析

从“任务引入”的案例中反映出该公司在薪酬管理方面存在以下一些问题。

第一，新老员工及不同地区员工的工资差异问题。北方地区员工的工资在合并后高于业内平均水平，而南方地区则相反，造成北方地区合并后引进的新员工在试用期内大量流失。而原南方地区员工的薪酬水平低于市场平均水平，导致南方地区的老员工特别是销售部的顶梁柱一个接一个地提出了辞职，这已经成为令该公司十分头疼的问题。

第二，业务部门和职能部门的工资差异问题。支持性的职能部门（财务部和人力资源部）的工资不与绩效挂钩，其员工就会失去工作的积极性。

第三，市场部和销售部两大业务部门的工资差异问题。市场部认为对销售部所设新产品销售考核指标的权重太低，严重影响了销售部对市场部工作的配合以及整个公司的销售战略。

上述问题从实质上看，就是该公司的薪酬管理体系出现了严重的问题，造成了销售部与市场部的不配合，职能部门对业务部门的不配合，以及新老员工的不满意，这些问题如果不能够从根本上得到解决，员工流失的现象还会更加严重，在职员工的工作积极性也会严重受挫。

从以上的案例分析中我们会有这样的疑问：如何设计一套既能够支持组织战略又能够提高员工满意度的薪酬管理体系？

在本项目中，我们的主要任务是：

1. 满意薪酬制度的设计，确定薪酬制度设计过程中的步骤；
2. 职位评价，确定不同职位对组织的贡献及其相对价值；
3. 薪酬调查，了解不同职位的外部市场薪酬水平；
4. 福利设计，如何建立提高员工满意度且符合法律规定的福利制度。

知识链接

一、薪酬的概念及构成

（一）薪酬的概念

“薪酬”一词是从英文 Compensation 中翻译过来的，从英文字面上理解“薪酬”有补偿、报偿及报酬之意，所以从广义的角度理解，薪酬是指员工因为受雇佣而获得的各种形式的报偿。因此，薪酬的内涵十分丰富，从其形式上来看可分为经济性的报酬（如基本工资、奖金、津贴、福利、保险计划等）和非经济性的报酬（如工作的挑战性、责任感、个人价值的实现以及舒适的工作环境等）。为了更好地理解“薪酬”的概念，我们可以从以下三个角度来考察。

1. 薪酬对于员工而言

员工付出了劳动，获得了薪酬。员工所获薪酬可以为员工本人及其家庭的日常生活提供必要的保障，从而保证劳动力的生产及再生产。如果员工希望通过工作来实现个人的价值，而个人的价值在很大程度上是由薪酬水平的提升来体现的，这样员工又可以利用获得的薪酬来对其人力资本进行投资，以期获得更高的回报。同时，满足员工期望的薪酬可以对员工产生很强的激励作用，这样可以引导员工的行为，使员工的追求和组织目标统一起来，进而产生要与组织荣辱与共而努力工作的愿望。

2. 薪酬对于组织而言

对于组织而言，薪酬是组织使用劳动力后支付的成本，劳动力成本是其经营成本的重要组成部分。从这个角度出发，劳动力成本的支出对组织的影响体现在吸引人才、保有人才和使用人才效率这三个方面。

组织之间的竞争在很大程度上是人才的竞争。组织能不能吸引优秀的人才是在行业竞争中能否取胜的关键，组织吸引优秀人才的加入更重要的是使优秀的人才留下来，并且富有效率地为组织工作，在这其中薪酬发挥着重要的作用。

3. 薪酬对于整个社会而言

薪酬作为劳动力价格的体现，反映了劳动力资源的供求状况。如果某组织在行业中的薪酬水平明显高于其他的组织，势必促使其他组织的人力资源向该组织集中。因此对于社会而言，薪酬对人力资源的优化配置有促进作用。另外，组织的薪酬水平的高低也会改变人们对职业和工种的评价，从而调节人们的择业意愿和就业流向。

（二）薪酬的构成

薪酬的内涵十分丰富，从不同的角度进行划分可以划分为很多种类。薪酬的核心组成部分包括工资、奖金和福利。

1. 工资

工资也叫基本工资，是指在一定时期内，组织根据员工所承担的职责或完成的工作、所拥有的完成工作的技能或者能力和资历而向员工支付的稳定性报酬。

2. 奖金和津贴

奖金是组织根据员工是否达到或超额完成某种事先制定的目标而向员工支付的浮动报酬。奖金与基本工资相比，其变化较大，奖金最主要的功能就在于它的激励作用。津贴是指员工因完成工作需要额外增加的支出而得到的补偿性报酬（如出差引起的交通费用和食宿费用的增加，高温、低温操作环境对员工体能消耗的增加，而产生营养费用增加）。

3. 福利

福利是指为了保持组织员工队伍的稳定，根据国家或地方政府的相关法律、法规或政策而支付给员工的劳动报酬。福利常常不以货币形式直接支付，而多以实物或者服务的形式支付，如午餐券、免费班车、社会保险等。

4. 股权

股权是指组织对于通过将个人绩效—企业绩效—公司股票价格的挂钩，给予技术创新和管理创新人才的一种长期激励性报酬。

二、薪酬设计的原则

建立科学合理的薪酬制度有助于组织更好地实现人力资源的开发与管理，薪酬设计的目的就在于建立科学合理的薪酬制度，在这一过程中要遵循以下原则。

（一）公平原则

公平原则包括外部公平和内部公平两个方面的含义。外部公平是指组织的薪酬水平在行业内是有竞争力的，也就是保证其薪酬对人才的吸引力。内部公平是指薪酬制度制定的过程对所有的员工是公平的，员工付出后所得薪酬与其他的员工相比较是公平的，换言之，内部公平体现在薪酬制度建立的过程和结果之中。

（二）合法原则

合法原则是指薪酬水平的确定受政府相关法律、法规和政策的影响，这就要求组织在设计自己的薪酬制度时遵守相关的法律、法规和政策，这也是组织制定薪酬制度必须遵守的基本原则。

（三）效率优先原则

效率优先原则是指薪酬制度的设计要以提高效率为优先考虑。

（四）激励原则

激励原则是指在薪酬制度制定的过程中要分析员工的期望，尽可能满足员工合理的期望，这样的薪酬制度才能对员工产生激励作用。

（五）经济原则

经济原则是指组织在薪酬制度制定的过程中，要注意控制薪酬总额，要使组织有一个合理的利润积累，这样才能在吸引和保有人才的同时保证组织的可持续发展。

知识延伸

一、组织常用的工资结构

（一）岗位工资制

岗位工资制是根据员工所在岗位责任大小，技术、智力要求的高低，劳动强度大小和劳动条件的好坏确定的工资，组织可以与员工签订以岗位工资为准的劳动合同。一般以生产型岗位为主。

（二）绩效工资制

绩效工资制是根据员工完成组织或部门的工作任务情况而取得的考核激励工资。绩效工资适合于销售和计件生产、项目化生产的岗位。实行绩效工资的目的是提高员工的工作潜力，提高组织的短期竞争力。

（三）年功工资制

年功工资制分为两种：一种是根据员工在本组织的工作年限，另一种是根据员工本人开始社会劳动的年限所进行的一种工资分配形式。实行年功工资制的目的是承认员工由于劳动积累形成的经验因素，从而稳定员工队伍，有利于工作效率的提高和保持。

（四）职务工资制

职务工资制是根据员工的知识、能力、责任和工作经验的情况而实行的一种工资制度，主要适合机关和事业单位行政管理人员、专业技术人员的工资分配。

（五）结构工资制

结构工资制以工资的多项职能部分组成，先分别规定各部分的工资额，最后合并成员工的标准工资。结构工资一般由工龄、岗位、职务和绩效等部分组成。

二、组织常用的工资形式

工资形式是指计量劳动和支付工资的形式。工资形式是按照工作制度所规定的劳动标准和报酬标准来计量每个员工的实际劳动量和计算应得工资的。工资制度是从劳动质量方面来规定劳动报酬的差别，工资形式是从劳动数量方面来进一步区别劳动报酬的差别。目前的工资形式主要有计件工资和计时工资两种基本形式，以及奖金和津贴两种辅助形式。

（一）计件工资

计件工资是指按照合格产品的数量和预先规定的计件单位来计算的工资。计件工资是计时工资的转化形式，能很好地把劳动报酬和劳动成果直接联系起来，体现多劳多得的原则。计件工资有直接无限计件、超额计件、超额累进计件、工作任务包干和利润提成几种形式。

（二）计时工资

计时工资是按照员工的技术熟练程度、劳动繁重程度和工作时间的长短来支付工资的一种形式，也就是说，计时工资是根据员工的工资标准和实际工作时间来计算的。

计时工资适合于实行结构工资制的单位支付给员工的岗位工资和职务工资、新员工使用期的工资、按时间计算的岗位的工资（如家庭教师、家政人员）。

任务一　薪酬体系设计

教学目标

通过教学，使学生了解薪酬体系设计的原则，掌握薪酬调查薪酬体系设计的步骤。

任务引入

A 公司是一家合资公司，公司成立于 1999 年，目前是中国最重要的中央空调和机房空调产品生产销售厂商之一。A 公司有员工四百余人，在全国有 17 个办事处，随着销售额的不断上升和人员规模的不断扩大，企业整体管理水平也需要提升。

公司在人力资源管理方面起步较晚，原有的基础比较薄弱，尚未形成科学的体系，尤其是薪酬福利方面的问题比较突出。在早期，人员较少，单凭领导一双眼、一支笔倒还可以分清楚给谁多少工资，但人员的激增，只靠过去的老办法显然不灵，这样做带有很大的个人色彩，公平性、公正性、对外的竞争性就更谈不上。于是他们聘请普尔摩公司就其薪酬体系进行系统设计。

（资料来源：http://www.chinahrd.net）

任务分析

普尔摩公司管理顾问经过系统的分析诊断就 A 公司现在的薪酬管理所存在的问题进行整理，认为 A 公司存在的主要问题如下。

一是薪酬分配原则不明晰，内部不公平。不同职位之间、不同个人之间的薪酬差别基本上是凭感觉来确定。

二是不能准确地了解公司外部特别是同行业的薪酬水平，无法准确定位薪酬整体水平。给谁加薪、加多少，老板和员工心里都没底。

三是薪酬结构和福利项目有待进一步合理化。固定工资、浮动工资、奖金的比例到底如何，如何有效地设立保险和福利项目等需要细化。

四是需要建立统一的薪酬政策。

普尔摩公司管理顾问认为：解决薪酬分配问题需要一系列步骤，首先需要有工作说明书作为 A 公司人力资源管理的基础。其次，在工作说明书的基础上，对职位所具有的特性进行重要性评价，普尔摩公司管理顾问依据国际上被广泛使用的也是最权威的评估方法之一对A公司的职位等级进行评定，最终形成公司职级图。再次，A公司委托专门的薪酬调查公司就同行业、同类别、同性质公司的薪酬水平进行调查，获得薪酬市场数据。另外，依据公司职级图、薪资调查的数据，公司的业务状况以及实际支付能力，普尔摩公司管理顾问对A公司的薪酬体系进行设计，此项工作内容包括制定薪酬结构、不同人员的薪酬分配办法和薪酬调整办法，测算人力成本等，最后形成A公司可执行、公布的薪酬政策。

知识链接

如何确定员工所获得的薪酬，主要取决于员工对组织的价值和贡献，也就是员工的绩效。员工的绩效取决于哪些因素，对这些因素的考察不一致也会产生不同基础的薪酬体系设计的思路。如果考虑员工的知识、技能和能力这一些因素，就会形成以能力为基础的薪酬体系；如果考虑工作任务的完成，也就是员工胜任其工作岗位，就会形成以职位为基础的薪酬体系；如果直接按照员工的绩效付酬，则会形成以绩效为基础的薪酬体系。除了上述三种思路以外，还要考虑人才市场的供求情况，如果以此作为出发点，按照人才的市场价值支付报酬，又可形成以市场为基础的薪酬体系。在这四种不同的薪酬体系设计模式中，以职位为基础的薪酬体系应用最为广泛，也是我们所要重点讨论的内容。在以职位为基础设计组织的薪酬体系时，也要综合考虑员工的个人能力、人才的市场价值以及员工的绩效这样一些因素。

在设计组织的薪酬体系时要关注两大主题：一是薪酬对内的相对公平；二是薪酬水平与竞争对手相比具有竞争力。确保薪酬的内部公平，可以通过工作分析和职位评价来保证；薪酬的外部竞争力则可通过薪酬调查来保证。所以，基于岗位的薪酬体系的设计流程包括以下几个方面：工作分析、岗位评价、薪酬调查、薪酬水平定位、确定薪酬结构以及薪酬体系的实施和调整。

一、工作分析

对工作进行科学的分析是做好薪酬体系设计的基础和前提。通过工作分析，我们可以了解某一特定工作的目的、任务或职责、权力、隶属关系、工作条件、任职资格等相关信息，并根据这些信息确认完成工作要求员工所必须具备的能力和资格。完成工作分析这一工作后，我们可以得到组织的岗位结构图和工作说明书体系。

二、岗位评价

在工作分析的基础上，通过岗位评价来确定岗位之间的相对价值，从而建立起组织岗位的价值序列，根据这个价值序列来确保薪酬体系设计过程中的内部公平。

三、薪酬调查

（一）薪酬调查的意义

通过薪酬调查可以了解本地区本行业的现行的薪酬水平，调查结果可以作为薪酬水平定位和调整的重要依据。在某些情况下，薪酬调查所发挥的作用比组织内部进行的职位评价更大。如在饭店业内一些市场稀缺的厨师，其薪酬水平可能远远偏离其职位在组织内部相应的位置。通过薪酬调查还能使组织了解竞争对手的薪酬策略，增强组织薪酬决策中的针对性。

（二）薪酬调查的对象和内容

薪酬调查对象的选择一般是本地区与自己类似的组织或与自己有竞争关系的组织。调查对象选择好后，再就是调查职位的选择。所选择的岗位应该是与本组织的性质和内容相似的岗位，这些岗位在不同的组织之间具有可比性。具体的调查内容包括以下一些事项。

1. 基本资料

基本资料包括组织的名称、历史背景、地址、员工人数、财务信息和资产等。

2. 核心数据

核心数据包括调查岗位的描述、员工类别、员工的实际薪酬水平以及薪酬的构成等。

（三）分析调查结果

在对调查数据进行分析整理的基础上，得出被调查的市场的薪酬水平，并据此绘制薪酬水平曲线，作为组织薪酬水平定位的参考依据。

四、薪酬水平定位

在分析其他组织的薪酬调查数据后，根据组织的实际状况确定薪酬水平。清楚了市场薪酬水平，组织要确定采取何种薪酬策略，是采取领先策略、跟随策略还是采取滞后策略。组织薪酬策略的选择取决于组织的经营状况、支付能力和员工素质等多方面因素。组织根据其实际经营状况和支付能力，选择合适的薪酬策略来支持组织人力资源的开发与管理。

五、确定薪酬结构

薪酬结构的确定是建立在组织职位评价结果和薪酬水平定位基础之上的一个重要步骤。薪酬结构包括每一职位或职位等级的工资范围，包括等级数、每一等级的最高工资、中位工资和最低工资(参见图 6-1)。组织通过确定合理的薪酬结构有利于体现薪酬的内部公平。一方面，在工作任务、工作责任和工作条件上差别很大的员工会被支付不同的报酬;另一方面,在本质上没有什么明显差别的职位会得到差别不大的报酬。

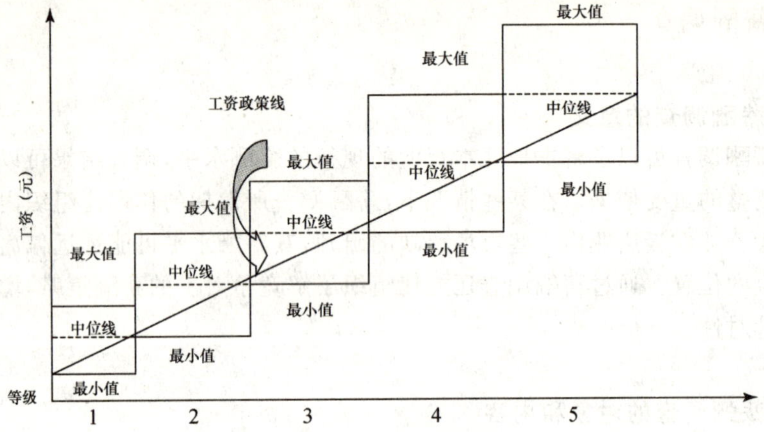

图 6-1　薪酬结构

六、薪酬体系的实施和调整

组织的薪酬体系一旦制定就应该在相当长的一段时期内稳定的、切实有效的加以执行,但这并不意味着组织的薪酬制度是一成不变的。随着时间的推移、外部环境的变化、组织自身的发展,组织的薪酬制度一般都要适时做出相应的调整。一般来说,薪酬制度需要在以下几个方面保持持续性的调整。

(一) 奖励性调整

奖励性调整是针对员工做出了突出的成绩或重大的贡献之后进行的奖励,目的是为了使他们保持这种良好的工作状态,同时对其他的员工也有一种行为引导和激励的作用。

(二) 生活指数调整

生活指数调整是为了补偿员工因通货膨胀而导致的实际收入减少的损失而进行的薪酬水平的调整。

(三) 效益性调整

效益性调整是指组织经营效益良好、利润水平较高时,普遍提高员工的薪酬水平;当经营效益欠佳的时候,可能下调员工的薪酬水平。效益性调整可能是非永久性的、浮动的。一般而言,效益性调整应该针对所有的员工。

(四) 工龄调整

工龄调整是指随着员工工龄的增加,逐年调升员工的薪酬水平,因为工龄的增加通常意味着工作经验的积累和丰富,也有利于促使员工对组织长期忠诚。

考核反馈

1. 如何理解薪酬的概念和薪酬的构成？
2. 建立基于岗位的薪酬体系需要经过哪几个步骤？
3. 在薪酬体系的设计过程中应该注意哪几个问题？
4. 如何理解薪酬水平的外部竞争力？
5. 如何实施薪酬调整？

能力拓展

1. 选择一家单位调查其薪酬体系，并对该薪酬体系的特点进行分析。

2. 如果你认为所调查单位的薪酬体系存在问题，请结合该单位的具体情况，试建立一套合适的薪酬体系。

任务二　岗位评价

教学目标

通过教学，使学生了解岗位评价的步骤，学会岗位评价的方法。

任务引入

锦兴公司是一家发展迅速的民营化纤企业，自1998年创办以来，与国内许多的民营企业一样，公司的规模产值每年都以相当惊人的速度在发展，至今已有员工两千多人，年产值也达到了20亿人民币，并形成了以涤纶化纤为主，包括进出口贸易、化工油剂、房地产等相关产业的集团化公司，公司在规模不断发展的同时，在“以人为本”理念的指导下，逐步完善对公司的人力资源管理，同时引进管理顾问公司，开始构建人力资源体系，在完成了组织机构设计、工作分析等模块后，开始了对公司各个岗位进行岗位评价，以作为下一步薪酬和绩效体系的依据和基础。

随着公司人力资源项目的逐步推进，在公司确定完组织结构和各岗位工作职责后，公司于2010年4月开始了公司各岗位的职位评价工作，成立了岗位评价小组对公司所有的147个标杆岗位进行了岗位评价，并顺利地完成。岗位评价提供了相关的岗位评价依据，一定程度保证了薪酬公平性，为公司下一步的薪酬设计奠定了一个良好的基础。为了更好地实施岗位评价和薪酬制度，得到公司员工的认同和支持，就公司如何通过岗位评价建立公平的薪酬制度进行详细介绍。

（资料来源：http://www.chinahrd.net）

任务分析

岗位评价是组织薪酬体系设计的重要依据，岗位评价的成功与否直接关系组织薪酬制度的合理性和公平性，直接影响组织是否能够最大限度地提高员工的工作积极性和薪酬满意度，提高工作效率，从而提高组织的竞争力。因此，要保障薪酬的公平性，首先要保障职位评价的公平和公正。

如何让员工认同薪酬的公平性，从而产生对组织的满意感和信任度，这是人力资源管理面临的挑战。岗位评价是建立薪酬公平的重要手段。加强对岗位评价的过程控制，可以充分地发挥岗位评价的作用，引导员工建立薪酬的公平性认知。

选择适当的岗位评价方法是实现薪酬公平的关键。岗位评价技术自产生以来已衍生出许多的方法，归纳起来主要可分为四大类，即排序法、分类法、因素比较法和要素计点法。不同的方法可应用于不同类型和规模的组织，所需要的成本也有很大的不同。中小型组织由于规模小，岗位数量少，管理者与员工以及员工相互之间对工作性质较为了解，不同岗位之间的价值对比问题容易解决，采用简单的排序法，根据管理者的经验判断往往就能够满足建立公平性认知的需要，所需的成本较小。大中型组织内一般存在着几十个甚至上百个工作性质不同、工作要求不同、工作责任不同的岗位，因此要在大中型组织中建立普遍的薪酬公平性认知，一般需要选择要素计点法或因素比较法。这两种方法比较复杂，组织一般需要借助外部专家的帮助才能完成岗位评价。

知识链接

一、岗位评价的步骤

第一步——准备阶段

评价前人力资源部门要理清岗位，确定参加职位评价的岗位名称和数量。然后成立岗位评价小组，确定岗位评价代表，具体负责对各个岗位的测评打分工作。参加测评的人员应具备以下条件：熟悉本组织此次确定的岗位情况；理解力比较强，能全面统筹考虑问题；顾全大局，大公无私，不谋私利，秉公打分，有比较充裕的时间进行岗位评价工作。同时，专家组编制岗位评价指导手册。

第二步——培训阶段

由专家组对岗位评价小组的代表进行岗位评价的目的、基本知识、方法等方面的培训指导。

第三步——测评阶段

先进行试测评。由岗位评价小组对一个部门的标杆岗位进行试测评。专家组确认测评结果基本符合要求后，进行正式测评。

第四步——统计阶段

岗位评价完成后要进行数据的处理工作，并且对数据进行有针对性的分析，为岗位评价结果与薪酬制度对接提供科学依据。

二、岗位评价的方法

在工作分析的基础上，通过岗位评价来确定岗位之间的相对价值，从而建立起组织岗位的价值序列，根据这个价值序列来确保薪酬体系设计过程中的内部公平。

岗位评价的方法有多种，其中常用的岗位评价方法有排序法、分类法、要素计点法和因素比较法四种。

(一) 排序法

排序法就是根据不同岗位的相对价值或它们各自对组织的相对贡献来进行排序。在实际运用中，常用交替排序法和配对比较法两种排序方法。

交替排序法是指岗位评价者从所评价岗位中确定最有价值的岗位和最没有价值的岗位，然后再从剩下的岗位中挑出最有价值的岗位和最没有价值的岗位，依此类推，直至把所有剩下的岗位都挑选完，这样就可以把所有要评价的岗位按价值由低到高排成一个序列。

配对比较法是指岗位评价者在所评价的职位中将每一个岗位与其他的岗位逐一进行比较，并将每次比较中的胜者选出。最后根据评价结果按每一岗位净胜次数多少排序，净胜次数最多的为最有价值的岗位，这样也可以形成一个序列。

(二) 分类法

分类法又称分类套级法，就是岗位评价者预先制定出一套供参照用的岗位级别标准，然后将待评价的岗位与标准进行比较分析，从而确定该岗位相应的级别。

分类法的操作要点如下。

1. 划分职位类别

先将组织所有的职位划分为若干大类，如生产类、营销类、行政类等。

2. 分等级

将每类职位分为若干等级，等级数的多少取决于每一类职位的复杂程度，即该职位所要求承担的职责轻重，所要掌握的技能等要求范围的宽窄，复杂程度越高，等级数越多。

3. 制定标准

根据每类职位所划分的等级，对每一个等级的职位都编写一个简要的说明，在对职位进行评价时以便把某一具体职位归为某一等级提供评价标准。

4. 套级

将待评价的职位与职位等级中的标准进行比对，并根据其结果将待评价职位划入相对应的等级中。

（三）要素计点法

要素计点法是指确定几个报酬要数，并且将每个要素分为几个等级。要素等级的划分要与岗位的实际状况相符合。

要素计点法的操作要点如下。

1. 岗位分类

根据组织的特点，将待评价的岗位分为若干种类。

2. 选择付酬因素

通常不同的岗位类别包括不同的付酬因素，如常用的付酬因素有劳动技能、劳动责任、劳动强度和劳动条件等，每一个付酬因素中又可以分为若干个子因素。

3. 确定付酬因素等级

付酬因素确定好后，接下来就是要把各个付酬因素适当地分为若干个等级。等级数的多少取决于各个付酬因素相对重要程度及各等级之间的界定和区分的难易。等级的划分常采用等差法，如 1 级、2 级、3 级、4 级、5 级。等级确定好后，要对付酬因素的每个等级以及每一付酬因素总体进行描述性说明，以利于职位评价的实施。

4. 确定付酬因素的相对价值

各付酬因素的相对价值由各因素的权重反映出来，根据付酬因素的相对重要程度赋予其适当的权重，各因素权重之和为 100%。如果确定付酬因素的总点数值为 500，则将总点数 500 在各因素之间按其权重进行分配，每一付酬因素的点值再在其不同等级之间等差进行分配，这样就可以得到每一付酬因素的不同等级的点数值。

5. 编写岗位评价指导手册

根据上述步骤确定的付酬因素及其等级的说明、点数值编制指导手册，用于实际的职位评价。

通过对所有的职位进行评价，根据每个职位评价结果所得点数，建立起所评价职位之间的价值序列。

（四）因素比较法

因素比较法是一种量化的职位评价方法，是在确定关键职位和付酬因素的基础上，将关键岗位中的付酬因素排序后编制成因素尺度比较表，然后将待评价职位就付酬因素与关键岗位进行比较，从而确定待评价职位的工资率。

因素比较法的操作要点如下。

1. 确定关键职位

确定关键职位也就是基准职位是因素比较法的基础，因为待评价岗位的工资率是在与关键职位的比较中确定的。

2. 选择付酬因素

通常选择的付酬因素包括脑力要求、体力要求、技能要求、责任和工作条件这五项。

3. 编制因素比较尺度表

根据人才市场的薪酬水平确定关键职位的工资水平，再将关键职位的工资水平分解成各个付酬因素的工资率，从而编制成因素比较尺度表(参见表 6-1)，如表 6-1 中所示的职位 1、职位 2、职位 3。

4. 进行职位评价

将待评价职位的各项付酬因素注意与关键因素的比较尺度表相比较，得到相应位置，从而确定该职位的工资数量。

表 6-1 因素比较尺度表

比较因素 / 工资率	脑力要求	体力要求	技能要求	责 任	工作条件
1			职位 1		
2		职位 1		职位 1	
3	职位 2			职位 X	
4	职位 1	职位 3	职位 X		
5		职位 2			职位 3
6	职位 X		职位 2		
7			职位 3		职位 2
8				职位 2	
9	职位 3				
10		职位 X		职位 3	
11					职位 X
12					职位 1

三、职位评价结果的调整

职位评价结果统计出来并进行了有关分析后，有关部门发现测评的结果直接划分为岗位等级还存在一定的差距，有些岗位的分值测高了，而有些岗位的分值却测得相对偏低。这就难以体现出这些岗位的价值度和贡献度。于是管理顾问公司的专家和锦兴公司的有关部门以及员工代表共同协调，按照公司的实际情况，结合同行业其他企业的合理做法，对这些岗位的测评结果进行了微调。此外，还有一些岗位的测评结果不是很理想，但又没有充分的调整理由。于是，专家对这类岗位进行了实地考察，到现场了解这些岗位的劳动强度大小和环境的好坏，为最后确定这类岗位的价值排序提供了有说服力的依据。

知识延伸

岗位评价结果经过适当调整后，便将测评结果向岗位等级表进行转换。在转换中，特别注意以下三点。一是职位体系的建立。根据锦兴公司的特点，建立了统一的职位体系框架。在该框架内，将各类别所有岗位归并为四大类：决策层、管理层、执行层、事务层。在这四大类岗位层级下，又分别建立了管理人员的职位体系、专业技术人员的职位体系、生产操作人员的职位体系。二是各个职位体系与职位评价结果的整合。按照测评结果的分值，将各个岗位分别纳入相应职位等级内。三是各个职位体系的相互对接。为了充分体现各类别职位体系的价值、贡献区别，经过多次测算，找出管理人员、专业技术人员和生产操作人员三大职位体系的对接点，根据对接点，确定各自的岗位等级表，从而完成薪酬体系设计的前期准备工作。

岗位评价只是为薪酬体系的设计提供了内部公平的依据，薪酬体系不仅要体现出内部公平性，还要体现出外部竞争性，这就必须进行市场薪酬调查。要对同行业其他组织的薪酬状况进行了解，包括薪酬标准、人工成本的相关效率指标、效益水平以及国际标准等。

考核反馈

1. 岗位评价对岗位等级结构的设计有何意义？
2. 简述点数法的操作步骤和操作要点。
3. 简述因素比较法的操作步骤和操作要点。

能力拓展

1. 在任务一“能力拓展”题所选的单位中选择5个岗位，并选择在本项目中学过的任意一种岗位评价方法对其进行评价。
2. 试分析上题所选单位的岗位等级结构的特点。

任务三　薪酬调查

教学目标

通过教学，使学生认识薪酬调查的目的、意义和作用，了解薪酬调查的内容，掌握薪酬调查的步骤和基本方法。

任务引入

D银行是位于S市的一家银行，根据行业发展及市场竞争的需求，该银行欲招募部分中高层管理岗位的管理人员。D银行的总经理要求人力资源部先去了解S市同类企业的中高层管理岗位的薪酬状况，以此作为确定薪酬水平的参考依据。

任务分析

D银行人力资源部选择了一家薪酬调查机构进行薪酬调查，该调查机构的工作人员经过20个工作日的调查收据收集、整理、加工、分析等一系列的流程，向D银行人力资源部提供了薪酬调查报告及专家的针对性建议。这份薪酬调查报告对于D银行了解行业薪酬状况，进行薪酬调整，吸引高层次的优秀人才起到了重要的参考作用。

知识链接

一、薪酬调查的概念和种类

（一）薪酬调查的概念

薪酬调查是指组织为了以合理的人力成本吸引所需求的人才，通过各种正常手段获取相关组织特定职位薪酬水平的信息，并对相关信息进行统计和分析，为本组织的薪酬管理决策提供参考。

（二）薪酬调查的种类

作为组织薪酬管理活动中一项重要的基础性工作，薪酬调查受到了越来越多的组织的重视。据统计，美国有93%的雇主通过薪酬调查来确定组织的薪酬水平。从薪酬调查的主体来看，主要有政府部门薪酬调查、专业调查公司薪酬调查和组织薪酬调查三种。

1. 政府部门薪酬调查

国家有关部门、各级地方劳动和保障部门和统计部门，抽调专门人员，组织对全国或本地区各行业各组织及职位薪酬水平情况进行调查，在此基础上，制定工资宏观调控政策和工资指导线，公布劳动力市场部分岗位工资指导价位。如上海、北京、南京、西安、成都、广州、深圳、哈尔滨、苏州等地都对本地区各行业组织及岗位进行了薪资调查，制定了本地区的工资指导线，用以宏观调控工资总量。政府部门薪酬调查的主要内容包括：上年度当地宏观经济和社会发展状况分析；本年度经济社会发展预测；周边地区经济发展及劳动力价格情况评估；本年度工资增长建议。工资增长建议包括工资增长基准线、工资增长预警线等。工资增长基准线适用于生产发展正常、经济效益增长的组织。工资增长预警线适用于经济效益有较快增长的组织。经济效益下降或亏损的组织，其工资可以是零增长或负增长，但支付给员工的工资不得低于当地最低工资标准，劳动和社会保障部门还公布了当地劳动力市场部分岗位工资指导价位。

2. 专业调查公司薪酬调查

由专业调查公司根据各类组织的需要或接受行业、组织的委托，对某类组织和不同地区的同类组织的薪酬情况进行调查，经分析和加工整理，将有关资料有偿提供给客户。

3. 组织自行进行薪酬调查

组织因制订人工成本计划、合理确定薪酬水平的需要，对本地区和外省市同行业同类组织的薪酬水平进行调查。通过调查所得的薪酬数据，作为本组织制订人工成本计划及薪资水平重要的参考依据。

二、薪酬调查的目的

通过薪酬调查来确定相关岗位的薪酬水平是薪酬调查的一个重要目的。此外，通过薪酬调查组织还可以了解竞争对手的薪酬策略，从而及时地调整自己的薪酬策略，增强薪酬决策的针对性。薪酬调查有利于组织建立一套公平合理的薪酬体系，对组织实现人力资源管理的目标有重要的影响。具体来说，薪酬调查的目的体现在以下几个方面：

(1) 帮助制定新参加工作人员的起点薪酬标准；

(2) 帮助查找组织内部薪酬水平不合理的岗位；

(3) 帮助了解同行业同类组织薪酬调薪时间、水平、范围等；

(4) 了解当地薪酬水平并与本组织进行比较；

(5) 了解薪酬动态与发展潮流。

三、薪酬调查的步骤

实施薪酬调查一般来讲应该分为四个步骤，分别是确定调查目的、确定调查范围、选择调查方式、整理和分析调查数据。

(一) 确定调查目的

人力资源部门应该首先弄清楚调查目的和调查结果的用途，再开始制订调查计划。一般而言，调查的结果可以为整体薪酬水平的调整、薪酬结果的调整、薪酬晋升政策的调整、某具体岗位薪酬水平的调整等工作提供参考和依据。

(二) 确定调查范围

调查的范围主要要确定以下问题：需要对哪些组织进行调查；需要对哪些岗位进行调查；需要调查该岗位的哪些内容；调查的起止时间。

实际调查一般选取组织所在地区同类型的组织，特别是生产技术与经营性质相近的组织，这样调查的结果才有可比性。

(三) 选择调查方式

确定了调查目的和调查范围就可以选择调查方式。

一般来讲，首先可以考虑组织之间的相互调查。组织的人力资源部门可以与相关组织的人力资源部门进行联系，或者通过行业协会等机构进行联系，促成薪酬调查的展开。若无法获得相关组织的支持，可以考虑委托专业机构进行调查。

具体的调查形式普遍采用的是问卷法和座谈法(也称面谈法)。如果采取问卷法，薪酬调查人员要提前准备好调查表(参见表 6-2)。如果采取座谈法，薪酬调查人员要提前拟好问题提纲。

(四) 整理和分析调查数据

在进行完调查之后，要对收集到的数据进行整理分析。在整理中要注意将不同岗位和不同调查内容的信息进行分类，并且在整理的过程中要注意识别是否有错误的信息。最后，根据调查目的，有针对性的对数据进行分析，形成最终的调查结果。

表 6-2　企业薪酬调查表

<table>
<tr><td colspan="8">一、个人情况</td></tr>
<tr><td>姓名</td><td></td><td>年龄</td><td></td><td>性别</td><td></td><td>加入公司时间</td><td></td></tr>
<tr><td>所在部门</td><td></td><td>职务</td><td></td><td>学历</td><td></td><td>毕业院校</td><td></td></tr>
<tr><td colspan="8">二、企业资料</td></tr>
<tr><td rowspan="2">企业性质</td><td colspan="7">□外商投资　□民营企业　□股份制企业　□国有企业　□其他(请注明)</td></tr>
<tr><td colspan="7">若是外商投资企业，请选择具体类型
□外商独资企业　□中外合资企业　□中外合作企业</td></tr>
<tr><td>所属行业</td><td colspan="7">□加工制造业　□纺织服装业　□医疗卫生业　□酒店餐饮业　□其他(请注明)</td></tr>
<tr><td>企业成立时间</td><td></td><td>企业注册资金</td><td></td><td>企业员工人数</td><td colspan="3"></td></tr>
<tr><td colspan="8">三、薪酬状况</td></tr>
<tr><td colspan="8">1. 您目前年薪
□1—2 万元　□2—3 万元　□3—5 万元　□5 万元以上</td></tr>
<tr><td colspan="8">2. 您的薪资构成</td></tr>
<tr><td colspan="4">薪资构成项目</td><td colspan="4">所占总薪资比重</td></tr>
<tr><td colspan="4">□ 基本工资</td><td colspan="4">%</td></tr>
<tr><td colspan="4">□ 岗位工资</td><td colspan="4">%</td></tr>
<tr><td colspan="4">□ 绩效工资</td><td colspan="4">%</td></tr>
<tr><td colspan="4">□ 奖金</td><td colspan="4">%</td></tr>
<tr><td colspan="4">□ 津贴</td><td colspan="4">%</td></tr>
<tr><td colspan="4">□ 其他</td><td colspan="4">%</td></tr>
<tr><td colspan="8">3. 部门薪酬状况(年薪)</td></tr>
<tr><td rowspan="3">生产部门</td><td>部门经理</td><td>□2—3 万元</td><td>□3—5 万元</td><td>□5—8 万元</td><td colspan="3">□8 万元以上</td></tr>
<tr><td>中层领导</td><td>□1—2 万元</td><td>□2—3 万元</td><td>□3—5 万元</td><td colspan="3">□5 万元以上</td></tr>
<tr><td>一般员工</td><td>□1 万元以下</td><td>□1—2 万元</td><td>□2—3 万元</td><td colspan="3">□3 万元以上</td></tr>
<tr><td rowspan="3">研发部门</td><td>部门经理</td><td>□2—3 万元</td><td>□3—5 万元</td><td>□5—8 万元</td><td colspan="3">□8 万元以上</td></tr>
<tr><td>中层领导</td><td>□1—2 万元</td><td>□2—3 万元</td><td>□3—5 万元</td><td colspan="3">□5 万元以上</td></tr>
<tr><td>一般员工</td><td>□1—2 万元</td><td>□2—3 万元</td><td>□3—5 万元</td><td colspan="3">□5 万元以上</td></tr>
</table>

知识延伸

常用的薪酬调查方式

一、组织间相互调查

通过对新进入组织的员工的调查，了解同行之间有可比性的薪酬资料。

二、委托调查

委托咨询公司调查，一般多见于新开设的行业中，因组织自身缺乏可比性的同行，需要对众多的相近组织的薪酬水平作比较。

三、调查公共信息

以政府公布的信息、有关的专业团体提供的统计报告、报纸、网络等数据为资料。但是有些数据的可靠性需要验证，如来自网络的信息。

四、民意调查

对于大量的、新兴的、综合性的岗位薪酬水平的调查，仅仅依靠上述方法有时难以完成，而通过对不确定人群的问卷调查是可以得到的。不过对于出现大量的统计数据，要有专业的工具和知识才行。

考核反馈

1. 薪酬调查的目的是什么？
2. 薪酬调查的步骤有哪些？

能力拓展

在任务一“能力拓展”题所选的单位中选择几个主管及普通员工的岗位进行薪酬调查。

任务四　员工福利管理

教学目标

通过教学，使学生学会福利的内容功能和运用福利工具。

任务引入

小汤曾是某公司的部门经理，当初进公司时说好业绩好的话可以得到奖励。一年来的出色业绩本该让他在年底得到一个超级大红包作为奖励。可是到了年底，公司提也不提这件事。小汤多次暗示，公司丝毫不理会，小汤回想自己为公司的业绩熬了多少个通宵，付出了多少心血，却不能得到当初的承诺，一气之下便向公司递交了辞呈。

（资料来源：http://www.labour-daily.cn）

任务分析

福利是指组织向员工提供的除工资、奖金之外的各种保障计划、服务以及实物报酬。一个总是忽视员工福利、员工无法实现自我价值的组织，即使薪水再高，也无法留住员工。小汤所在的组织虽然工资很高，但是缺失对员工的承诺，导致优秀员工的流失。那么，对于员工来说到底应该有哪些福利待遇呢？

组织给予个人的福利待遇是个人收入的重要指标之一，因为福利待遇其实就是个人收入的“隐性”部分，如福利分房、无息贷款、带薪休假、年终双薪等，这些从表面上看不是工资的部分却比工资更让员工重视。以前员工到一个新的组织去上班，员工考虑的主要是收入多少，如今员工要考虑的是：税后收入多少、组织有没有买房无息贷款可以享受、有没有带薪休假、有没有补充养老保险、有没有补充公积金，女职工还关心在产假期间自己有没有额外补贴。

知识链接

福利是指组织向员工提供的除工资、奖金之外的各种保障计划、服务以及实物报酬。在员工整体薪酬中，福利已经成为越来越重要的组成部分，对组织的人工成本有着十分重要的影响。

一、福利的功能

（一）传递组织的文化和价值观

现代组织越来越重视员工对组织的文化和价值观的认同，拥有一个员工普遍认同的组织文化将有利组织的运营。而福利体现了组织的管理特色，体现了组织对于员工的关怀，可以为员工创造一个良好的工作氛围。组织员工能够认同组织的组织文化才能够为客户提供优质的服务。

（二）吸引和保有人才的有效手段

求职者在选择工作时组织提供的福利待遇是其考虑的一个十分重要的因素。如果组织能为员工提供富有吸引力的、个性化的福利待遇，那将有利于组织更好地吸引和保有人才。

（三）税收减免

很多的福利对员工来说是免税的，对组织而言是减税的，税收减免也是福利区别于工资和奖金的一个重要特点。如果组织把为员工提供的各种保障计划、服务和实物等以工资来替代，员工必须为这些福利支付个人所得税。以福利待遇的形式提供给员工，则员工的这部分报酬就可以获得税收的减免。另外，组织利用自身的规模经济优势为员工购买商品和福利要比员工自己购买的价格更便宜。总之，用福利来代替等值的工资或奖金可以提高组织成本支出的效用。

二、福利的内容

按照福利制定的依据不同，可以把福利分为法定福利和组织福利。

（一）法定福利

法定福利是根据国家的法律、法规和政策，组织必须为员工提供的各项最基本的福利。具体来说主要是指法定休假、社会保险和住房公积金。

1. 法定休假

法定休假包括公休假日和法定休假日两大类。

公休假日是指劳动者通常的周末休息时间。我国实行劳动者每周 40 小时工作制，所以劳动者每周可以有两天的公休假日。

法定休假日是指法定的节日休假。在我国具体是指元旦、春节、清明节、“五一”国际劳动节、端午节、中秋节和国庆节等。

2. 社会保险和住房公积金

社会保险是指国家通过立法，对由于年老、失业、患病、工伤、生育而暂时或永久丧失劳动能力的劳动者给予补偿，保障其基本生活需要。组织必须参加社会保险，定期为员工缴纳社会保险费，因为只有履行了缴费义务才有权利享受社会保险。目前，我国的社会保险主要包括五大项目，即养老保险、失业保险、医疗保险、工伤保险和生育保险。

住房公积金是指国家机关、国有企业、城镇集体企业、外商投资企业、城镇私营企业、事业单位、民办非企业单位、社会团体及其职工缴存的长期住房储金。职工缴存的部分和职工所在单位缴存的住房公积金归职工个人所有。

有关社会保险和住房公积金的具体内容和实施办法有着非常详尽的法律规定，组织可以参照相关法律法规依法实施。

（二）组织福利

组织福利是指根据组织的特点和组织的经济效益为员工提供的，除法定福利以外的其他福利，包括货币津贴、实物和服务等。组织福利比法定福利的种类更多，使用也更加灵活。目前正在被广泛采用的福利项目如下。

1. 补充养老金计划

补充养老金计划又称年金计划。补充养老保险是指组织根据自身经济实力，在国家规定的实施政策和实施条件下为本组织职工所建立的一种辅助性养老保险。补充养老保险一般由有支付能力的组织自愿建立，由组织和个人按照一定的比例缴纳费用，进入员工个人的补充养老保险账户，由员工退休后领取。

2. 补充医疗计划

社会保险中的医疗保险的保障水平有限，如果员工生病住院，通常还要由自己承担超出医疗保险费用之外的部分，这对于员工而言可能会是很大的负担，所以有许多的组织为其员工建立补充医疗保险，组织可以按照一定的比例支付给员工社会保险中超支的部分。

3. 额外货币收入

额外货币收入如组织在春节、端午节、中秋节、国庆节等特殊节日给员工的加薪。

4. 住房福利

住房福利包括单身宿舍、夜班宿舍、廉价公房出租或廉价出售给本组织员工以及向员工提供购房补贴或优惠贷款等。

5. 饮食福利

饮食福利包括免费或低价的工作餐、工间休息的免费饮料，免费发放食品等。

6. 交通福利

交通福利包括免费班车接送员工上下班、向员工发放交通补贴等。

7. 教育培训福利

教育培训福利包括在职或短期的脱产培训、公费进修(业余、半脱产或脱产)，报刊订阅补贴，专业书刊购买报销等。

8. 文体旅游福利

文体旅游福利包括有组织的集体文体活动(如郊游、野餐、员工体育竞赛等)、组织自建文体设施(如游泳池、健身房、阅览室)等。

9. 带薪休假

带薪休假是指除了公休假日和法定休假日之外，组织根据自身经营特点，在淡季安排员工若干天带薪休假，休假时间长短一般根据员工在本组织的工作年限的不同而区别处理。

10. 其他生活性福利

组织可以根据自身特点为员工提供免费洗澡、理发、发放生日礼物以及以优惠价格向员工提供本组织的服务等。

知识延伸

上海波特曼丽嘉酒店富有吸引力的薪酬制度

上海波特曼丽嘉酒店是全球拥有 59 家酒店的丽嘉酒店集团公司在中国的旗舰店，也是中国一流的豪华酒店。它坐落于上海繁华的商业、购物及娱乐区域，是上海市中心的标志性建筑。在波特曼丽嘉酒店工作的700名员工都肩负着共同的使命：在温馨、舒适而又优美的环境中通过个性化的服务让酒店宾客获得体贴关怀和舒适款待。丽嘉的服务体验不仅要令宾客身心舒畅，甚至可以满足客人内心的需求与愿望。

影响员工敬业度一个重要潜在因素是很现实的薪酬待遇，尤其在现阶段的中国，这点显得尤为重要。

在员工看来，如果公司的薪酬和福利和行业中的其他公司相比较并不是很有竞争力的话，那么，员工之所以会在公司工作，可能是因为他们看好公司其他方面的因素，如学习、培训机会和工作环境，但是随着他们工作能力的提升，他们可能会觉得公司给予的报酬和其个人能力以及为公司创造的价值之间不能得到足够的平衡，这样一旦他们有机会找到待遇更好的工作的话，就很可能会跳槽。如果由于公司薪资方面的问题，员工将公司当作“跳板”或“培训学院”，使公司完成前期培育的投入后，却得不到应有的收获，那么公司的损失其实是相当大的。

波特曼丽嘉认为，“一流的公司要用一流的员工，支付一流的薪水。”按照这样的思路，波特曼丽嘉的薪酬是“市场领先型”的，百分之九十以上的岗位薪酬都位于行业薪酬水平的首位，经理层更是远高于同行。每个月波特曼丽嘉会与其他五星级酒店交流，以确保薪金、福利位于领先的水平。

“薪酬水平当然是重要的，每个人都需要钱。”波特曼丽嘉酒店的人力资源总监韩小姐说，“想找好员工，一定要付大价钱，不可能有又好又便宜的员工。”酒店每年就薪酬水平做两次调查，每一次调查都发现，百分之九十的员工工资是上海五星级酒店相同职位中最高的，另外那百分之十没有拿到最高薪水的，酒店会马上做出调整：即便今年已加过薪，也会再得到加薪。

当然，不是每个公司都有条件这样做的，但是，不论公司的薪酬管理采用哪种管理类型，进行岗位的市场价值评估是必不可少的。人力资源部门可以建议将公司员工的薪酬水平定在稍高于同行业同岗位的薪酬水平之上(一般约高10%～20%)。

企业如果不能提供有竞争力的薪酬，也可以从提高内部公平度入手，提高员工对薪酬的满意度。公平度是员工的主观感受，人力资源部门不要试图通过修订薪酬制度来解决这个问题。当然，薪酬制度在不适应公司发展的需要时，可以进行修订，但它不是提高公平度的最有效办法。在解决这个问题上，人力资源部门应该将注意力集中在薪酬管理的过程上，而不是薪酬管理的结果上。

比如，在制定薪酬制度时，人力资源部门可以让员工参与进来。实践证明，员工参与决策能使决策更易于推行，并能提高员工对薪酬管理的满意度，进而提高员工的敬业度。

波特曼丽嘉酒店的分配制度就非常透明，酒店当年收益达到哪个数字，员工能拿多少比例的年终奖(花红)，管理层会向每个员工详细说明；酒店努力做到让每个员工明了每一年的创利进展，各个阶段的客房入住率等“机密”级动态情况，员工都能在第一时间了解。

(资料来源：《饭店人力资源管理实务》，顾沉珠)

考核反馈

1. 简述法定福利对组织和员工的重要性。
2. 如何设计和实施一个好的员工福利项目？

能力拓展

分析任务一中“能力拓展”第一题所选择调查的单位的福利体系的特点。

本章小结

薪酬是员工向组织提供劳动而获得的各种形式的劳动报酬总和。薪酬的合理确定和科学管理是人力资源管理中最重要、最复杂、最核心的内容和环节。

薪酬由工资、奖金与津贴、福利、股权等部分构成。

薪酬设计是薪酬管理的前提和基础。薪酬体系设计一般经过工作分析、岗位评价、薪酬调查、薪酬水平定位、薪酬结构确定等几个步骤。

岗位评价可以确定不同岗位对组织的贡献和相对价值，岗位评价的方法有排序法、岗位分类法、要素计点法和因素比较法。

薪酬调查有助于了解外部市场的薪酬水平，是组织确定不同岗位薪酬水平的重要参考依据之一。

福利制度主要包含法定福利和组织福利两大部分，设计一套既符合法律规定又能提高员工满意度的福利体系是薪酬管理的重要组成部分。

综合练习题

1. 如何理解薪酬的概念和薪酬的构成？
2. 建立基于职位的薪酬体系需要经过哪几个步骤？
3. 在薪酬体系的设计过程中应该注意哪几个问题？
4. 如何理解薪酬水平的外部竞争力？
5. 如何实施薪酬调整？
6. 选择一家单位调查其薪酬体系，并对该薪酬体系的特点进行分析。
7. 如果你认为所调查单位的薪酬体系存在问题，请结合该单位的具体情况，试建立一套合适的薪酬体系。

项目七

劳动关系管理

任务引入

家住许昌市的刘志刚，曾用名刘育豪，1995 年就来到北京，为谋求更好的发展机会，他边学习边打工。不久之后，刘志刚就取得了在北京经济学院旁听的机会，在旁听了几节课之后，刘志刚就执著地认为自己具备了经济学博士的水平，并且大胆地跑到只有硕士、博士才可以参加的全国高级人才招聘会上应聘去了。也正是在这次招聘会上，刘志刚认识了郑州航空管理学院的工作人员，而且成功地把自己推销给了他们。

随后，刘志刚就以自己的别名刘育豪的身份，给郑州航空管理学院提交了一份简历，在简历中刘志刚称自己于 1994 年考入北京大学，1998 年考取北大经济学专业硕博连读的研究生。在读研期间，曾先后在中国证监会、信息产业部、北大经济学院等部门任职，并且主持过多项科研活动，发表过三十多篇专业论文。

前去招才纳贤的郑州航空管理学院的工作人员看到刘志刚有如此高的学历，经历又如此丰富，该校的领导就热情地邀请他去该校任教。

校方的再三邀请似乎使刘志刚吃了一颗定心丸，也使他更加忘乎所以。他向校方提出安家费一次性不少于 4 万元人民币，科研经费一次性不少于 10 万元人民币。校方在没有查验刘志刚任何个人信息的情况之下，居然答应了他的这些要求，并且专门派校人事处处长、经济系主任、院党委副书记到北京接回刘志刚。

就这样在众人的簇拥之下，刘志刚来到郑州航空管理学院，心安理得地领取了 4 万元安家费、6000 元津贴，并且住进了校方为他安排的 120 平方米的房子。

后来郑州航空工业管理学院在开一个博士座谈会的时候，要求博士们提供自己的科研成果，刘志刚给学院提供一篇科研成果的论文。但是这个文章学院在上网进行搜索的时候检索不到。随后学院开始对刘志刚的身份产生怀疑，并马上派人到北京，去北大经济学院进行了解，得知根本没有这样一个人。学校在核定了刘志刚的真实身份后，便把他送进派出所。

2005 年 5 月 19 日郑州二七区人民法院公开审理了这起案件。法院认为，被告人刘志刚以非法占有为目的，用虚构的事实骗取他人财产数额巨大。其行为已触犯《中华人民共和国刑法》第 266 条之规定，犯罪事实清楚，证据确实充分，应以诈骗罪追究其刑事责任。

法院判决如下：一、被告人刘志刚犯诈骗罪判有期徒刑 3 年零 6 个月，并处罚金 4000 元；二、被告人刘志刚赔偿被害单位郑州航空工业管理学院经济损失 5370 元。

（资料来源：http://www.hntv.ha.cn）

任务分析

真招聘引来假博士说明该单位在劳动关系管理上存在问题，假博士因涉及财产数额巨大，构成犯罪，而对于普通的招聘求职过程中制造假文凭、假学历的事情，用人单位招错了人，耽误了事，给用人单位造成损失，其权利往往无法得到保护。

什么是劳动关系？劳动关系的概念有广义和狭义之分。广义的劳动关系是指任何劳动者与任何性质的用人单位之间因从事劳动而结成的社会关系。狭义的劳动关系是指用人单位与劳动者之间依据国家劳动法律法规的规定，确认当事人双方在实现劳动的过程中的权利和义务的一种劳动法律关系。本书所讲的“劳动关系”就是指狭义的劳动法律关系。

与“劳动关系”相对应的概念是“劳务关系”，用人单位（劳务输出公司）与劳动者（个人）之间就某项临时性工作或者是一次性工作的完成签订劳务协议（劳务合同），彼此之间形成的关系就是劳务关系。

一般来讲，常年性岗位上的劳动者，用人单位必须与其建立劳动关系，签订劳动合同。一次性或临时性的工作，或可发包的劳务事项，用人单位可使用劳务人员，并与其签订劳务合同。

在本项目中，我们的主要任务是：

1. 学会劳动合同管理；
2. 学会简单的劳动争议的处理；
3. 学习如何调配员工的工作。

任务一　劳动合同管理

教学目标

通过学习，使学生掌握劳动合同的内容，并学会依据劳动合同进行员工管理。

任务引入

小王的父亲老王农闲的时候到一家工厂打工，工厂和老王签订了劳动合同，合同有效期为2年，试用期为6个月，试用期满考核合格后每月发给工资1000元，其中500元工资当月发放，剩余的工资一年一结算。试用期未满或者试用期满考核不合格的，延长试用期6个月，每月只发给工资500元。合同还规定在试用期内发生的任何人身损害事件，工厂将不承担任何责任。老王不识字，把合同给正在上大学的儿子小王看了，问小王能不能签？小王说：你不要管得那么多，先签了再说，6个月后家里的农活开始忙了，老王提前一个月打招呼要求结清工资走人，工厂的回答是：老王试用期考核不合格，每月只能拿到500元。老王一气之下决定请小王向劳动仲裁委员会申请仲裁，讨要尚未支付的3000元工资。请问，老王这3000元工资能得到吗？

任务分析

老王和工厂签订的劳动合同的内容有许多不当之处：合同有效期为2年应当改为合同期限为2年，根据《中华人民共和国劳动合同法》（以下简称《劳动合同法》）第19条的规定，劳动合同期限1年以上不满3年的，试用期不得超过2个月，试用期6个月应当改为2个月；根据《劳动法》第50条的规定，工资应当以货币形式按月支付给劳动者本人，不得克扣或者无故拖欠劳动者的工资。"工资每月支付500元，其余的工资一年一结算"违反法律规定。所有违反法律规定的条款都是无效条款，自始无效。因此，根据法律规定老王应该得到3000元工资。随着《劳动合同法》的颁布与实施，用人单位不签劳动合同、拖延签订劳动合同或者签订错误的劳动合同将面临很大的风险。

知识链接

一、劳动合同的订立

（一）劳动合同订立原则

根据《劳动法》的相关规定，订立劳动合同应遵循以下原则。

1. 平等自愿的原则

平等是指在订立劳动合同的过程中，劳动者和用人单位双方的法律地位平等。自愿是指双方当事人自由地表达各自主张的权益，任何一方不得将自己的意志强加于对方，也不允许第三者非法干预。

2. 协商一致的原则

协商一致是指用人单位和劳动者在平等自愿的基础上进行充分的协商，最终达成一致的意见。

3. 符合法律的原则

劳动合同必须依法订立，不得违反法律、行政法规的规定。

(1) 订立合同的主体合法。即劳动者应是年满16周岁，具有民事权利能力和行为能力的人。用人单位应是依法成立或核准登记的企事业组织，具有用人的权利能力和行为能力。

(2) 劳动合同的内容要合法。

(3) 劳动合同订立的程序和形式要合法。

4. 互惠互利的原则

劳动合同关系本质上是一种经济利益关系，劳动合同要能在自愿、平等的基础上达成一致，必须在经济利益上保证双方当事人的互利互惠。

5. 诚实守信的原则

订立劳动合同双方都必须诚实、守信用，不得采用欺诈、胁迫等手段，否则劳动合同无效。

（二）劳动合同的订立程序

(1) 用人单位提出劳动合同草案。劳动者有权对自己不清楚的条款，要求用人单位有关人员做出解释和回答。

(2) 用人单位向劳动者介绍规章制度，工作说明书。一般情况下要劳动者阅签，因为劳动合同一旦签订，劳动者必须完全遵守和执行用人单位内部的劳动规章制度。

(3) 双方协商劳动合同内容。

(4) 双方签约。双方当事人确认无误的后在劳动合同签字、盖章，劳动合同应当一式两份，双方各执一份。

(5) 劳动合同签证。就是将劳动合同送交合同签证机构或劳动合同主管部门审查、验证。目前这是一种自愿行为，国家应当强制推行。

二、劳动合同的变更

劳动合同的变更是指劳动合同双方当事人就已经订立但尚未履行的合同条款达成修改或增减的法律行为。通过权利义务关系的调整，使劳动合同适应变化发展的新情况，从而保证劳动合同的继续履行。

劳动合同的变更仅限于劳动合同内容的变化，而不是主体的变更，主体的变更须另订立劳动合同。劳动合同的变更，双方当事人必须遵循自愿、平等、协商一致的原则，不得单方擅自变更。

劳动合同的变更一般按照下列程序进行。

(1) 一方当事人向另一方当事人变更合同的请求。提出请求的当事人可以是用人单位，也可以是劳动者，不管是谁先提出，一般要给对方当事人一个答复的期限。

(2) 被请求方按期向请求方做出答复。一般要在给出的期限内做出答复，不能对对方的请求置之不理。

(3) 双方协商、达成书面协议。书面协议要经双方当事人签名、盖章后生效。

(4) 备案或签证。凡是在订立时备案或签证的劳动合同，变更协议也要备案或者签证。

三、劳动合同的解除

劳动合同的解除是指在劳动合同期限届满之前，由于一定事由的出现，双方当事人提前终止劳动合同关系的法律行为。劳动合同的解除可以分为协商解除、用人单位单方解除、劳动者单方解除以及自行解除。《中华人民共和国劳动法》（以下简称《劳动法》）对劳动合同的解除规定了严格的限制条件和程序。

根据《劳动法》的相关规定，经当事人协商一致，劳动合同可以解除。双方在自愿、平等、不损害对方利益的基础上应达成解除劳动合同的书面协议。由用人单位提出解除劳动合同的，用人单位应根据劳动者在本单位的工作年限，每满一年发给相当于一个月的工资作为经济补偿金，最多不超过12个月，工作时间不满一年的按一年的标准发放。

劳动者以辞职的形式解除劳动合同，必须提前30天以书面的形式通知用人单位，用人单位应予以办理，劳动者如果违法解除劳动合同给原单位造成损失的，应当承担赔偿责任。此外，第三方招用未与原用人单位解除劳动合同的劳动者，给原用人单位造成损失的，该用人单位与劳动者承担连带赔偿责任。

劳动者被开除、除名或严重违纪被辞退，劳动合同自行解除。

劳动合同的解除一般按照下列程序进行：

(1) 对劳动者进行批评教育、纪律处分或解除警告。

(2) 征求工会或有关职工的意见。

(3) 向主管部门或行政当局报告，并经批准办理退工单等手续。

(4) 签订合同解除的协议，或发出合同解除的通知。若是发合同解除的通知则需要劳动者签收才能生效，若发生劳动争议，则以合同解除通知之日作为争议的开始日期，超过60日诉讼或仲裁，上诉人则会丧失胜诉权。

(5) 争议处理或备案。

四、劳动合同的终止

劳动合同届满或者当事人约定的劳动合同终止条件出现，劳动合同的权利义务已经履行完毕，劳动合同即行终止。劳动合同终止的情形有：

(1) 合同期限届满；

(2) 合同的目的已经实现；

(3) 合同约定的终止条件出现；

(4) 当事人死亡；

(5) 劳动者退休；

(6) 用人单位不复存在。

五、劳动合同的续订

劳动合同的续订是指劳动合同期限届满，经双方协商一致，可以续订劳动合同。劳动合同的续订的具体内容如下。

(1) 劳动合同期限届满前30日，双方经协商续订劳动合同的，应办理续订劳动合同手续。续订劳动合同不得约定试用期。

(2) 劳动者在同一用人单位连续工作满10年以上，当事人双方同意延续劳动合同的，如果劳动者提出订立无固定期限的劳动合同，应当订立无固定期限的劳动合同。

(3) 劳动者患职业病或因工负伤并被确认达到伤残等级，要求续订劳动合同的，用人单位应当续订劳动合同。

(4) 劳动者在规定的医疗期内，或者女职工在孕期、产期、哺乳期内，劳动合同期限届满时，用人单位应当将劳动合同的期限顺延到医疗期、孕期、产期、哺乳期期满为止。

知识延伸

一、劳动合同的无效

根据《劳动法》第18条的相关规定，下列劳动合同无效：

(1) 违反法律、行政法规的劳动合同；

(2) 采取欺诈、威胁等手段订立的劳动合同。

无效的劳动合同，从订立的时候起，就没有法律约束力。确认劳动合同部分无效的，如果不影响其余部分的效力，其余部分仍然有效。

劳动合同的无效，由劳动争议仲裁委员会或者人民法院确认。

根据《劳动合同法》第26条的相关规定，下列劳动合同无效或者部分无效：

(1) 以欺诈、胁迫的手段或者乘人之危，使对方在违背真实意思的情况下订立或者变更劳动合同的；

(2) 用人单位免除自己的法定责任、排除劳动者权利的；

(3) 违反法律、行政法规强制性规定的。

对劳动合同的无效或者部分无效有争议的，由劳动争议仲裁机构或者人民法院确认。

二、劳动合同的解除

1. 用人单位因劳动者的过失单方解除劳动合同(无补偿，随时解除)

根据《劳动法》第25条、《劳动合同法》第39条的相关规定，劳动者有下列情形之一的，用人单位可以解除劳动合同：

(1) 在试用期间被证明不符合录用条件的；

(2) 严重违反劳动纪律或者用人单位规章制度的；

(3) 严重失职，营私舞弊，对用人单位利益造成重大损害的；

(4) 劳动者同时与其他用人单位建立劳动关系，对完成本单位的工作任务造成严重影响，或者经用人单位提出，拒不改正的；

(5) 劳动者采用欺诈、胁迫的手段或者乘人之危，使与用人单位签订的劳动合同无效的；

(6) 被依法追究刑事责任的。

2. 用人单位非因劳动者的过失单方解除劳动合同(有补偿,须预告解除)

根据《劳动法》第 26 条、《劳动合同法》第 40 条的相关规定,有下列情形之一的,用人单位可以解除劳动合同,但是应当提前 30 日以书面形式通知劳动者本人或者额外支付劳动者 1 个月工资后,可以解除劳动合同:

(1) 劳动者患病或者非因工负伤,医疗期满后,不能从事原工作也不能从事由用人单位另行安排的工作的;

(2) 劳动者不能胜任工作,经过培训或者调整工作岗位,仍不能胜任工作的;

(3) 劳动合同订立时所依据的客观情况发生重大变化,致使原劳动合同无法履行,经当事人协商不能就变更劳动合同达成协议的。

根据《劳动法》第 27 条、《劳动合同法》第 41 条的相关规定,用人单位濒临破产进行法定整顿期间或者生产经营状况发生严重困难,确需要裁减人员 20 人以上或者裁减不足 20 人但占企业职工总数 10%以上的,应当提前 30 日向工会或者全体职工说明情况,听取工会或者职工的意见,裁减人员方案经向劳动行政部门报告后,可以裁减人员。

用人单位裁减人员时,应当优先留用下列人员:

(1) 与本单位订立较长期限的固定期限劳动合同的;

(2) 与本单位订立无固定期限劳动合同的;

(3) 家庭无其他就业人员,有需要扶养的老人或者未成年人的。

用人单位在 6 个月内重新招用人员的,应当通知被裁减的人员,并在同等条件下优先招用被裁减的人员。

3. 劳动者因用人单位的违约或侵权单方解除劳动合同(可通知解除,可要求赔偿)

根据《劳动法》第 31 条、《劳动合同法》第 37 条的相关规定,在试用期内的,劳动者提前 3 日通知用人单位,可以解除劳动合同。根据《劳动法》第 31 条,《劳动合同法》第 37 条、第 38 条的相关规定,有下列情形之一的,劳动者可以提前 30 日以书面形式通知用人单位解除劳动合同:

(1) 未按照劳动合同约定提供劳动保护或者劳动条件的;

(2) 未及时足额支付劳动报酬的;

(3) 未依法为劳动者缴纳社会保险费的;

(4) 用人单位的规章制度违反法律、法规的规定,损害劳动者权益的;

(5) 因用人单位以欺诈、胁迫的手段或者乘人之危致使与劳动者签订的劳动合同无效的;

(6) 法律、行政法规规定劳动者可以解除劳动合同的其他情形。

用人单位以暴力、威胁或者非法限制人身自由的手段强迫劳动者劳动的,或者用人单位违章指挥、强令冒险作业危及劳动者人身安全的,劳动者可以立即解除劳动合同,不需事先告知用人单位。

考核反馈

杨某,女,2000 年大学毕业,和一家高科技企业签订了 10 年期的劳动合同,劳动合同明确约定了劳动报酬、社会保险和福利待遇以及违反劳动合同的违约责任等条款。劳动合同的第 6 条规定，杨某若接受公司安排前往海外培训，则不得单方面解除劳动合同，否则要赔偿违约金和培训费用总计 100 万元。

在公司工作后不久，杨某接受公司的委派前往日本参加培训 2 年，公司为其支付了培训费30万元，回国后，杨某担任技术部主任，负责多项新产品的研发工作，市场反映良好，取得了巨大的经济效益，有多家公司愿高薪聘请其去工作。2008 年 2 月 5 日杨某给公司人力资源部递交了辞职申请，当天在未征得公司同意的情况下不辞而别，3 天后公司得知其在为竞争对手工作，并以书面的形式告之她和她所在的公司可能要承担的巨大法律责任。

杨某接到通知后的第二天考虑到可能存在的法律风险又回到了原来的单位，此后单位人力资源部准备了替换杨某的人选，2010 年合同到期前一个月，人力资源部汪经理找杨某谈话，并书面告之合同期满后公司不再与其续签劳动合同，到时候劳动合同即行终止。

杨某一个星期后到医院体验时发现自己已经怀孕，并随后把体检单提交到人力资源部，汪经理随后告之杨某要提交准生证明，杨某的回答时正在办理，估计要 2 个月的时间，一个月后由于杨某的准生证在办理中，根据《劳动法》的规定女职工怀孕期间不得解除合同，公司没有终止和杨某的劳动合同。2 个月后杨某因其丈夫有外遇而离婚，准生证未能办到，杨某决定要生下孩子。随后，人力资源部书面通知杨某劳动合同终止。杨某不服欲申请仲裁。

请问：(1) 2008 年杨某单方面提出解除劳动合同是否合法？要不要承担法律责任？(2) 2010 年劳动合同到期后杨某又没有准生证，劳动合同能否即行终止？(3) 你认为杨某的劳动合同要不要续订？

能力拓展

请根据劳动法律法规的规定，结合一家小企业的实际为其制定一份劳动合同。

任务二　劳动争议处理

教学目标

通过学习，使学生学会依据国家的劳动法律，进行简单的劳动争议处理。

任务引入

孙某于 2008 年进入上海 A 建筑公司(以下简称 A 公司)做力工，日工资 80 元，双方未签订劳动合同，单位也没有按照上海市的规定为孙某缴纳上海市外来从业人员综合保险。2009 年 11 月 8 日下午，孙某在维修某小区住宅楼时，五楼的拐角处有两个窗口相隔约一米左右，孙某为省事，违反规定，从五楼一个屋的窗口往另一个窗口跳，堕下摔成重伤。A公司随即将其送至市第五医院进行治疗，诊断为：右肘关节粉碎性骨折，右臂骨粉碎性骨折，右脚关节骨折。刚开始A公司支付了医疗费，至2010年3月A公司停止支付医疗费和生活费，理由是孙某违章作业理应自己承担部分责任。孙某则认为自己属于工伤，单位应当承担全部责任，至2010年3月孙某总共拖欠市第五医院医疗费26240元。孙某违章作业到底算不算工伤呢？双方的劳动争议应当如何解决呢？

任务分析

"任务引入"中的案例在劳动关系管理的过程中经常遇到，双方的争议就是我们通常所说的劳动争议，又称劳动纠纷，是指劳动关系双方当事人之间因劳动权利与义务而发生的争执。当劳动关系和谐的时候，劳动关系双方当事人可能彼此互相包容；当劳动关系紧张的时候，劳动关系双方当事人会各不相让，从而发生争议。在劳动关系发展的过程中，劳动关系双方当事人的利益不完全一致，彼此间出现矛盾是不可避免的，问题是如何正确地处理劳动争议和维护和谐的劳动关系。

知识链接

一、劳动争议处理的原则

劳动争议处理的原则是劳动争议处理机构在处理劳动争议时必须遵循的基本原则。劳动争议处理的原则包括以下内容。

（一）着重调解、及时处理的原则

劳动争议案件具有特殊性，它关系到人民大众的就业、报酬、劳动条件等切身利益问题，如不及时处理，势必影响人民的正常生活、生产秩序的稳定。所以，《劳动法》要求劳动争议处理机构对于劳动争议案件的处理应当及时受理、及时结案，防止久拖不决。

（二）合法性原则

合法性原则即以事实为依据，以法律为准绳，分清是非，明确责任，做出公正处理。

（三）公平性原则

公平性原则是指对当事的双方在适用法律上一律平等，不得偏袒或歧视任何一方。

二、劳动争议的解决途径

根据《劳动法》的相关规定，劳动争议可以按照下列途径解决。

（一）协商解决

劳动争议发生后，当事人应当协商解决，协商一致后，双方可达成和解协议，但和解协议没有必须履行的法律效力，协商也不是劳动争议解决的必经程序，协商的期间也要计入 60 日的诉讼时效之内。

（二）通过劳动争议调解委员会进行调解

劳动争议发生后，当事人愿意调解的，可以申请劳动争议调节委员会进行调解。劳动争议调解委员会是用人单位内部设立的调解劳动争议的群众性组织。劳动争议调解委员会由职工代表、用人单位代表和工会代表组成。劳动争议调节委员会主任由用人单位工会代表担任。没有工会的单位，由当事双方协商确定调解成功的，达成调解协议，30 日之内达不成协议的，视为调解不成。调解不是解决劳动争议的必经程序，调解协议不具有必须履行的法律效力。但 30 日调解期限不计入 60 日的诉讼时效的范围之内。

（三）通过劳动争议仲裁委员会进行仲裁

劳动争议发生后，当事人任何一方都可以直接向劳动争议仲裁委员会申请仲裁，劳动争议仲裁委员会一般设于用人单位所在地的劳动行政主管部门，其主任由劳动行政部门的代表担任。仲裁是劳动争议解决的必经程序，仲裁申请应当在劳动争议发生之日起 60 日内提出，劳动争议仲裁委员会依法可进行调解，调解达成协议的制作仲裁调解书，仲裁调解书自送达签收之日起具有必须履行的法律效力；调解不成的要制作仲裁裁决书，当事人对劳动仲裁裁决不服的，可在收到仲裁裁决书 15 日内向人民法院起诉。逾期不起诉的，仲裁裁决书即发生法律效力。

（四）通过人民法院进行诉讼

劳动争议当事人不服劳动争议仲裁委员会的仲裁裁决，可在收到裁定书之日起 15 日内向人民法院起诉，人民法院依法受理后，依法进行审理。当事人对一审判决不服的，可以上诉申请二审，二审判决是终审判决，具有强制执行的法律效力。

实行劳动争议诉讼制度，从根本上将劳动争议处理工作纳入了法制轨道，从而保证了劳动争议的彻底解决。

考核反馈

1. 医疗期内企业能不能与张某终止劳动关系

张某于 2002 年 7 月初从高等学府毕业，同月通过朋友介绍，应聘进入本市一家股份合作企业工作。张某与该公司签订、续订劳动合同至 2008 年 5 月底。2008 年 3 月 1 日起张某因患慢性疾病一直病假在家。2010 年 5 月底，企业人事部门寄出书面通知，通知张某因劳动合同期满企业不再与其续签合同，双方终止劳动关系。张某收到通知后即与人事部门联系要求延续合同期，但经多次与企业交涉未果。于是，张某只能向劳动争议仲裁委员会申请劳动仲裁，要求恢复与企业的劳动关系，继续履行合同。劳动争议仲裁委员会经审查予以受理。

劳动争议仲裁委员会在审理时张某认为：自己病假休息在家，尚在医疗期内，按照国家劳动合同法的有关规定，本人在医疗期内，企业是不可以与其终止劳动关系的。企业现在的做法违反劳动合同法，所以要求劳动争议仲裁委员会支持自己的请求，与企业恢复劳动关系，继续履行合同，同时支付病假期间的工资。

企业在庭审答辩时辩称：按照本市有关规定，合同期满可以即行终止。因为张某的劳动合同期满，企业不再与其续订合同，所以对张某提出的要求不予同意。

劳动争议仲裁委员会经审理后认为，根据《中华人民共和国劳动合同法》的有关规定，张某在医疗期内，即使双方劳动合同期满，企业也不能与其终止合同，合同应继续履行并延续至医疗期满为止。

最后，劳动争议仲裁委员会依法做出裁决，撤销企业与张某终止劳动合同的决定，恢复双方的劳动关系，继续履行合同。

（资料来源：上海市人力资源社会保障网）

2. 借用别人的身份证入职发生工伤能获得赔偿吗

邓某于2007年6月在一家电业公司工作时受伤，至今无法办理工伤认定及鉴定手续。为此，邓某将公司告上了仲裁庭，要求确认2004年至今的劳动关系，并要求公司承担工伤期间的各种费用。难道真的是公司故意逃避承担对邓某的工伤责任？

原来，邓某在2004年到该公司应聘时，因身份证已过期，公司告知她无法招用。但邓某到上海已有两个多月了，没有找到一份满意的工作，这家公司是本区小有名气的外资企业，员工工资高、福利好，除了身份证问题外，邓某完全符合招聘条件。邓某在朋友的提示下，想了一个点子，借用了表姐王某的身份证再次去应聘。虽然该公司人事部门在把关时有些疑问，但邓某以身份证是以前拍的，现在人长胖了为由也就过了关。邓某终于如愿以偿地获得了这份工作，但从此邓某以王某的身份在这家公司工作，公司与其签订了劳动合同，并如期缴纳了社会保险费。

最近邓某发生了工伤事故，在办理相关手续时却发现了其身份证有问题，无奈之下，邓某只能道出原委，发生工伤的与缴费的不是同一人。公司被弄得一头雾水，不敢贸然行事，认为应该查清楚事情的来龙去脉，所以发生了本文开头的一幕。

在庭审中，邓某认可了由于自己的身份证过期，所以借用表姐的身份证进行应聘的事实，现在发生了工伤，享受工伤待遇的应该是自己，而不是其表姐王某。再说表姐已离开上海，现在也联系不到她。

公司辩称：邓某在应聘时提供了假的证件，而公司则蒙在鼓里。当时公司对身份证进行了核对，也提出了异议，但邓某的一番解释让公司信以为真，便按照身份证上的名字为其缴纳了社会保险费。如不发生工伤事故，公司至今还不知情，所以公司不应当承担任何责任。

公司也表示要从这件事情上吸取教训，对身份证一定要严格审查，不得有一点误差。

仲裁庭审理查明的事实与双方的陈述均一致。仲裁庭认为：根据劳动保障法律的规定，劳动者在应聘时应如实向用人单位陈述自己的实际情况，不得弄虚作假。如发现弄虚作假，由此造成的后果由其本人承担。邓某向公司提供了假身份证明，应当承担由此造成的后果。对此，仲裁委对邓某的请求不予支持。

考虑到邓某的具体情况，仲裁委事后会及该公司和相关部门共同对该问题进行了协商、研讨，经过多次协调，最后相关部门同意按特例处理该起工伤待遇的理赔。

（资料来源：上海市人力资源社会保障网）

能力拓展

1. 违章作业摔伤算不算工伤

孙某违章作业到底算不算工伤呢？在工作过程中负伤，虽属因违章作业造成，但根据《中华人民共和国工伤保险条例》第 14 条第 1 款的规定，在工作时间和工作场所内，因工作原因受到事故伤害的，属工伤范围。孙某向劳动保障行政部门申请了工伤认定，劳动保障行政部门认定为工伤，后经劳动能力鉴定委员会鉴定，属七级伤残，大部分丧失劳动能力。劳动争议仲裁委员会经调解不成，裁决如下：1. 被诉人 A 公司支付孙某总共拖欠市第五医院医疗费 26240 元；2. 被诉人 A 公司一次性支付申诉人工伤保险待遇 7 万元。

2. 张某将如何撰写起诉书呢

张某，江苏盐城人，2007 年 11 月进入上海通远汽车维修厂工作，岗位是汽车喷漆工，从未签订劳动合同。2010 年因受国际金融危机的影响，单位想裁减员工，2010 年 2 月 2 日单位以张某报到上班晚了两天为由，口头通知他不要上班了，而实际情况是春运期间他没能及时买到票因而迟到。维修厂从星期一到星期五每天从早上 8 点上班到晚上 5 点下班，下班时如果有任务张某会主动一直工作到结束为止，星期六、星期天张某没有事一般都上班，单位从来也不发加班费，张某农忙时回家几天单位也不扣工资，2009 年 6 月以前张某每月工资 2000 元，2009 年 6 月以后张某每月工资是 3000 元，工资是现金发放，签字领取。张某向劳动争议仲裁委员会提起了仲裁，但由于劳动争议案件过多，劳动争议仲裁委员会受理仲裁申请之日起 45 日内没有能够审理，现在张某向人民法院提起诉讼，他应该如何撰写起诉书呢？

起诉书

原告：张某，男，35 岁，汉族，住址是江苏省盐城市郭村镇，原上海通远汽车维修厂员工。

委托代理人：袁圣东，上海市诤正律师事务所律师

被告：上海通远汽车维修厂

法定代表人：李某　　地址：上海嘉定永新路＊＊号

诉讼请求：

1. 请求判令被告支付因未签劳动合同从 2007 年 11 月到 2010 年 2 月 2 日的双倍工资 27500 元。

2. 请求判令被告支付从 2007 年 11 月到 2010 年 2 月 2 日的加班工资合计 33471 元。

3. 请求判令被告支付代通金 2500 元。

4. 请求判令被告支付从2007年11月1日到2010年2月2日的解除劳动合同经济补偿金6250元。

事实与理由：

本人张某2007年11月进入上海通远汽车维修厂工作，岗位是汽车喷漆工，2010年2月2日单位以我报到上班晚了两天为由，不允许我继续工作，而实际情况是春运没有能及时买到票因而迟到。至2010年2月2日，我工作已经2年零2个月，2009年6月以前我每月工资2000元，2009年6月以后我每月工资是3000元，工资是现金发放，签字领取。两年中我勤勤恳恳，踏实工作，从没有犯过任何错误，但是公司却肆意虐待员工，明目张胆地违反劳动法，主要表现在以下方面：

一、违法不签订劳动合同

本人2007年11月进入上海通远汽车维修厂工作至2010年2月2日单位通知我不用上班，一直没有签订过书面劳动合同，根据劳动合同法第八十二条的规定用人单位自用工之日起超过一个月不满一年未与劳动者订立书面劳动合同的，应当向劳动者每月支付二倍的工资。因此上海通远汽车维修厂因未签劳动合同应当支付我27500元(2500*11＝27500)。

二、加班不给加班工资

我从到维修厂工作到2010年2月2日单位不允许我上班为止，从星期一到星期五每天从早上8点上班到晚上5点下班，下班时如果有任务一直要到结束为止，星期六、星期天每天都上班，单位从来没有发过一分钱的加班费，两年中我累计加班应当是104天*2年*2500月工资/21.75天*200％*0.7＝33471元，因而上海通远汽车维修厂应当支付我加班工资33471元。

三、解除劳动关系不按照法律规定支付补偿金

上海通远汽车维修厂违法单方面解除与我的劳动关系，根据劳动合同法第十四条的规定用人单位自用工之日起满一年不与劳动者订立书面劳动合同的，视为用人单位与劳动者已订立无固定期限劳动合同。根据劳动合同法第四十条第三款的规定用人单位认为情况发生变化，原来的劳动关系不能继续进行的应当提前一个月通知我，并按照劳动合同法第四十七条的规定支付经济补偿金。因而上海通远汽车维修厂应当支付我代通金2500元，解除劳动合同经济补偿金6250元。

上海通远汽车维修厂的所作所为，已经严重违反了劳动法，为维护我的合法权益，特向上海市嘉定区人民法院提起诉讼。

此致

上海市嘉定区人民法院

具状人：张某

2010年2月26日

附：本诉状副本1份；

其他证明文件N份。

任务三　员工调配

教学目标

通过学习，使学生学会根据组织经营情况和员工个人的能力对员工的职位进行适当的调整。

任务引入

张有为是公司技术开发办的负责人，兼管集团公司的技术革新工作。近来，公司技术开发办的业务工作有显著增加，所以，他打算在兼管的技术革新领域成立一个股，由他的助手张敏任股长。张有为依据人力资源部提供的晋升标准对张敏的知识、能力、态度进行了评价，发现张敏以上三个方面都适合股长的岗位要求。

张有为拿出这几年关于张敏的关键事件记录，发现有以下内容：

1. 张敏曾分别在销售部、生产规划部做过一段时间，做张有为的助理已经两年。

2. 去年年底，张有为曾要求张敏向他汇报在北京的工作进展情况，张敏认为汇报是小事，并当面表示，要他汇报工作是怀疑他独立自主的工作能力。

3. 张敏在自己的小组内威信很高，他的工作小组提出的建议都是相当的合理，但是因缺少有效的沟通，经常遭到其他部门的反对，张有为曾几次出面协调。

4. 张敏曾几次充当张有为的德语翻译，参加重大的会议，能用德语同国外的同行讨论有关技术合作的问题。

5. 两个月前，供应部门对张敏有意见，说他没有及时向供应部门提供信息。张敏认为，信息也讲究礼尚往来，供应部门也常常不及时、不主动提供信息。

那么，张敏到底该不该得到晋升呢？

（资料来源：《人力资源开发与管理》，赵曼）

任务分析

“任务引入”案例是我们在进行劳动关系管理的过程经常遇到的，是组织根据生产经营情况和员工个人的职务适应情况对员工的职位进行适当的调整，通常称之为员工调配，主要包括晋升，职位调整，降职，辞职，免职、辞退（解雇）、开除，退休等内容。

知识链接

一、晋升管理

晋升是指员工由原来的职位上升到另一较高的职位。现代组织人力资源管理的用工原则是因事择人、用人之长。因此，晋升是保持人与事科学匹配的一种调配手段，即人力资源管理工作中一项经常性的职能。晋升一般包括职务晋升和工资晋升两个方面。

晋升能使员工工作的积极性提高，给予员工发挥能力的机会，防止员工工作单调化，满足员工自我发展、自我完善的意愿。当然晋升也会产生一定的消极作用：可能挫伤一部分员工的积极性；可能使被晋升者原有的知识和技能变得毫无用处。这些在晋升管理中要加以注意和协调。

员工晋升应按照以下的工作程序进行。

(1) 部门主管根据部门的发展计划，预测需增补的岗位，提出晋升申请。

(2) 人事部门按照组织的晋升政策，参考各部门的职位空缺状况，审核、调整各部门的晋升申请。

(3) 提出空缺职位晋升报告，供主管人事的上级审批。空缺职位报告应说明空缺职位名称、空缺原因、空缺人员数量及候选人名单和情况介绍等。

(4) 依据晋升标准选择合适的晋升对象。晋升标准主要包括：① 工作绩效；② 工作态度；③ 工作能力；④ 适应性；⑤ 人品；⑥ 资力，等等。

(5) 向各部门下达文件，宣布晋升事宜，变更原劳动合同，调整有关岗位工资等。

二、职位调整

员工的职位调整是指平级变动组织内部员工的工作岗位或工作现场。员工职位调整是组织根据实际需要，调剂各岗位员工的余缺，将职工从原来的职位上调离，担任新的职位。

三、降职管理

与晋升相反，降职是把一名员工从高级别职位调到低级别职位上的过程。对于员工来说，降职意味着减少工资、降低地位、失去权利和发展机会。降职同时会使员工情绪低落、工作效率下降，影响员工所在工作小组的士气。降职是一种带惩处性质的管理行为。

降职程序大都是由用人部门提出申请，送交人力资源部门，人力资源部门根据组织政策予以调整，然后呈请组织中主管人事的上级核定。凡予以核准的降职人员，人力资源部门应发布人事变动通告，并以书面的形式通知当事人。组织内各级员工接到降职通知后应在指定的日期内办理移交手续，并到新岗位报到，不得借故推诿或拒绝交接，并配合人力资源部门做好劳动合同的变更和新的岗位薪资的核定工作。如果被降职的员工对降职处理不服，通过申诉渠道提出申诉，但未经核准不得擅自离开现职或怠工。

四、辞职管理

辞职是员工主动要求脱离现任职位，与组织解除劳动合同关系，退出组织工作的活动。辞职是员工的权利，组织应予以尊重。但当人员更新过于频繁时就需要采取一些措施，经常是素质最好的员工会辞职，因为他们选择的机会多，如果在一个组织中很多高素质、有竞争力的员工要离开，就必须寻找扭转这种趋势的办法。

辞职管理是一项程序性很强的工作，一般按以下程序办理：

(1) 向人力资源部门提出辞职申请；

(2) 人力资源部门按照规定对申请进行审查、请示，能挽回的立即挽回，同意辞职的发给“辞职申请表”；

(3) 对员工的“辞职申请表”按照规定的程序报批；

(4) 对审批同意的发给离职辞职人员离职手续表，移交工作，结清账务，归还公物、资料等；

(5) 辞职员工到人力资源部门交回离职辞职人员离职手续表，结清工资，领取辞职证明书。

五、免职、辞退（解雇）、开除管理

免职是指免去员工的职务。辞退一般是指由于组织要减少劳动力的数量，或者在某种情况下由于员工个人方面的原因引起的组织解聘决定。开除一般是由于员工个人方面的原因，如违反规定、造假、业务水平不合格，偷懒、缺勤、不服从管理和没有通过试用期考核等，引起组织的解聘决定。

强制性的解雇将损害被解雇者的尊严，使他们感到痛苦和愤怒。如果因为被强制解雇而失业会导致被解雇者精神上和经济上的压力，甚至激化家庭矛盾。同时解雇也会影响到继续留任者的预期，影响他们对组织的信任和忠诚。解雇员工还会影响组织在本地区的形象和声誉。组织通常是想通过解雇来降低成本、减少费用，但是解雇本身也会引起许多的费用等。因此组织应该帮助那些因为解雇而暂时失业的人，可以采用暂时解雇、岗外安置等措施减轻被解雇者的压力；也可以用缩短工作时间，并按照缩短的时间支付工作报酬的办法减少解雇。

免职、辞退(解雇)、开除管理的程序和辞职基本一致。

六、退休管理

当员工达到一定的年龄时(男60周岁，女干部55周岁，女工人50周岁)，组织和员工的劳动合同自动终止，组织使员工退职。通常组织需要付出一定的时间、人力和财力为退休员工提供一些服务，从而树立组织良好的社会形象。

一些组织为了给年轻的员工提供晋升的途径，允许员工自愿提前退休，在员工达到退休年龄之前的工资由组织根据和提前退休人员的劳动合同进行发放，退休以后实行社会化发放。提前退休有利也有弊，在实践中应按照国家的有关规定慎重使用这一方法。

七、员工申诉管理

申诉是组织内部成员依程序公开指控所受不公正的待遇、表达不满而不危及他们工作的行为。

申诉程序有许多的特点，但是这些特点会因组织或决策的结构不同、规模不同而有所变化。通常的申诉程序参见图 7-1。有效处理申诉应做到：(1) 对申诉问题应迅速加以调整；(2) 用来申诉的程序和形式必须使用方便；(3) 公正合理的解决。

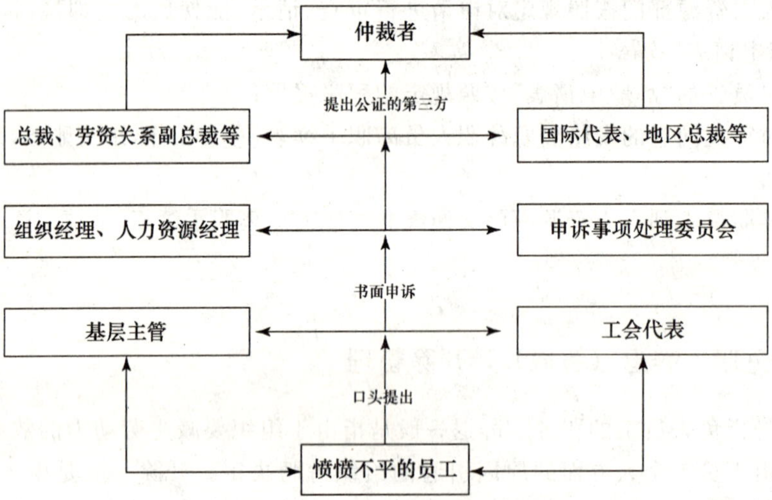

图 7-1　多步申诉程序

知识延伸

1. 根据辞职管理程序，如何制定一份辞职审批表

辞 职 申 请

尊敬的公司领导：

我因个人原因不能履行原聘用合同所定的职务，为了不影响公司的正常运作，给公司带来不必要的损失，特请求辞职，望批准。

辞职人：

2011 年　月　日

人力资源部审核意见：

签名：

2011 年　月　日

公司总经理审核意见：

签名：

2011 年　　月　　日

2. 根据辞职管理程序，制定一份辞职人员离职手续表

辞职人员离职手续表

<table>
<tr><td>姓名：</td><td>职务：</td><td>部门：</td></tr>
<tr><td colspan="3">辞职人员所在部门审核意见：
1. 业务资料已交接。
2. 办公用品已归还。
……
部门负责人：
2011 年　　月　　日</td></tr>
<tr><td colspan="3">财务部门审核意见：
1. 应收账款已交接清楚。
2. 所借款项已归还。
……
部门负责人：
2011 年　　月　　日</td></tr>
<tr><td colspan="3">行政总务部审核意见：
1. 所借物品已归还。
2. 固定资产已收回。
……
行政负责人：
2011 年　　月　　日</td></tr>
<tr><td colspan="3">人力资源部审核意见：
1. 申请表已填写。
2. 离职手续表已提交。
3. 工资、福利、退工单、劳动手册等已交割清楚。
4. 辞职证明已发。
……
人力资源负责人：
2011 年　　月　　　日</td></tr>
</table>

备注：1. 本表所列项目如没有视同交接清楚；2. 各部门可以根据需要添加。

辞职人员同某有限责任公司的一切离职手续皆已办妥，劳动合同即行终止，以后双方不存在任何关系。

辞职人签名：

2011 年　　月　　日

考核反馈

1. 如果你是老刘，你将怎么来调整 3 个部下的岗位

公司正在进行第二轮岗位调整，老刘从销售部被调到采购部，从副经理提拔为采购部

经理。虽然没有做过采购，但老刘凭着多年的销售经验和对市场的熟悉，自认为公司用人有方，对自己是量材适用。采购部有 3 个职员，小 A 分管对外市场信息采集，小 B 分管客户关系及档案资料的管理，小 C 分管对内沟通和联络，老刘上任以后经过两个月的观察发现：小 A 性格内向，办事细心、有条理，但不好言谈，和同事交流较少……小 B 性格外向，办事爽快、利索，喜欢说笑、人际关系很和谐，但有时说话不留情面，好得罪人……小 C 性格偏中性，文静典雅、待人诚恳、态度温和，办事准时、不拖拉，但有时办事原则性不强、老好人主义较突出……老刘想趁公司正在进行第二轮岗位调整之机对他们三个人的岗位做一次调整，一方面使他们每个人的长处都能得到更好的发挥，另一方面使他们彼此熟悉各自的工作，从而增加整体的办事效率。

2. 乔利民该不该降职

乔利民是一位工程师，他在技术方面有丰富的经验。在技术科，每一位科员都认为他的工作相当出色。不久以前，原来的科长调到另一个厂去当技术副厂长了。公司任命乔利民为技术科科长。

乔利民上任后，下定决心要把技术科搞好，他以前在水平差的领导下工作过，知道这是一种什么滋味。在头一个月内，全科室的人都领教了乔利民的“新官上任三把火”。在其上任的第二天，小张由于交通堵塞，赶到厂里迟到了 3 分钟，乔科长当众狠狠地批评了他一顿，并说“技术科不需要没有时间概念的人”。第二个星期，老李由于忙着接待外宾，一项技术改革提案晚交了一天，乔科长又大发雷霆，公开表示再这样要把老李调走。当乔科长要一份技术资料时，小林连着加班了三个晚上替他赶了出来，乔科长连一句表扬的话也没有。到了月底，乔科长还在厂部会议上说，小林不能胜任工作，建议把小林调到车间去。

一年过去了，厂领导发现，技术科似乎出问题了，缺勤的人很多，不少人要求调动工作，许多的技术问题都没有办法解决了。科室里没有一种和谐而团结的气氛。公司决定要解决技术科的问题了。

技术科的问题应该怎么解决？要不要通过把乔利民降职来换取技术科的人心稳定呢？

能力拓展

1. 名词解释

劳动关系　　劳动合同　　劳动争议　　员工调配

2. 辨析题

劳动合同解除、变更和终止有什么不同？

3. 观念应用题

(1) 任务一“劳动合同管理”的“任务引入”案例中老王的 3000 元能得到吗？

(2) 任务三“员工调配”的任务引入的案例中小敏该不该晋升？

本章小结

本章所讲的劳动关系就是指狭义的劳动法律关系，是指用人单位与劳动者之间依据国家劳动法律法规的规定，确认当事人双方在实现劳动的过程中的权利和义务的一种劳动法律关系。

用人单位（个人）与劳动者（劳务输出公司）之间就某项临时性工作或者是一次性工作的完成签订劳务协议（劳务合同），彼此之间形成的关系就是劳务关系。

订立和变更劳动合同，应当遵循平等自愿、协商一致、符合法律、互惠互利、诚实守信的原则，不得违反法律、行政法规的规定。

劳动合同依法订立即具有法律约束力，当事人必须履行劳动合同规定的义务。违反法律、行政法规的劳动合同；采取欺诈、威胁等手段订立的劳动合同为无效的劳动合同。无效的劳动合同从订立的时候起，就没有法律约束力。确认劳动合同部分无效的，如果不影响其余部分的效力，其余部分仍然有效。劳动合同的无效，由劳动争议仲裁委员会或者人民法院确认。

劳动争议又称劳动纠纷，是指劳动关系双方当事人之间因劳动权利与义务而发生的争执。在劳动关系发展的过程中，劳动关系各方出现矛盾是不可避免的，正确处理劳动争议是维护和谐的劳动关系、发挥人力资源潜力的重要方面。

解决劳动争议，应当根据合法、公正、及时处理的原则，依法维护劳动争议当事人的合法权益。用人单位与劳动者发生劳动争议，当事人可以依法申请调解、仲裁、提起诉讼，也可以协商解决。当事人一方可以直接向劳动争议仲裁委员会申请仲裁，对仲裁裁决不服的，可以向人民法院提出诉讼。

员工调配是组织根据生产经营情况和员工个人的职务适应情况对员工的职位进行适当的调整，主要有晋升，职位调整，降职，辞职，免职、辞退（解雇）、开除，退休等内容。员工调配是劳动关系管理的一个重要方面。

附录　案例精选

案例一　裕和公司的薪酬激励[①]

一、案例介绍

裕和公司是一家大型集团公司，经营范围涉及制造、贸易、建筑安装、房地产开发、旅游业、科技服务等多个领域，年销售收入34亿元，年利润16亿元；下有子公司16家，分别从事不同的经营领域。SB公司是其下属的主要从事机械设备制造和销售的子公司，公司目前有员工220人。SB公司的经营管理层多年来则致力于高新技术产品的开发并获得成功。尤其是现任总经理张昌林2008年获得任命以来，公司呈现加速发展的势头。年销售收入从2005年的4000万元增加到2006年度的6000万元、2007年度的9000万元、2008年度1.2亿元、2009年度1.5亿元；年利润从2005年度的500万元增加到2006年的600万元、2007年度的1000万元、2008年度的1600万元、2009年度的2000万元，因此SB公司成为该集团公司总体绩效增长最快也是最佳的子公司，但SB公司的经理班子的年收入却与其他子公司相差不大。如DL公司同样是该集团公司的子公司，主要从事科技中介服务，公司员工约50人，年销售收入1000万元，年利润约200万元。但是，由于集团公司为下属子公司设计了统一的薪酬模式，因此SB公司与DL公司的总经理的月度薪酬收入基本一样，约为5000元；年终绩效考核后，张昌林获得了12万元的绩效奖金和4万元的股份分红，而DL公司的总经理获得8万元的绩效奖金，同样也拿到了4万元的分红。张昌林的工作积极性受到了打击，觉得自已虽然冒了很大的经营风险进行新产品开发，为集团公司谋取了极大的利润增长和市场扩张，但最终得到的回报却根本难以令人满意。当与SB公司有过多次市场竞争战的X公司获取这一信息后，极力游说张昌林辞职，并许以30万元的年薪、5%的超额利润提成和一定的股份。张昌林经过详细考虑向集团公司提出，如果不改革现有薪酬激励模式，他将坚决辞职。集团公司经过内部

① 选自《现代人力资源管理案例精选》。

薪酬满意度调查，发现绩效优秀的子公司经理都有强烈的薪酬改革要求，而那些绩效一般的子公司则对现有薪酬模式有较高的认可度。根据这一调查结果，集团公司决定对公司薪酬制度进行大刀阔斧的改革。

二、裕和公司的激励机制改革

裕和公司为解决公司薪酬管理中存在的问题，加大对各子公司经营者的激励力度，特委托Z大学魏教授及其研究小组对公司的经营者薪酬制度进行重新设计。

魏教授及其研究小组在原有的薪酬制度基础上，着重从强化激励效应和突出长期激励两个方面来改革裕和公司的经营者激励体系。

研究小组通过调查发现，裕和公司下属各子公司生产不同产品，完全可以按照内部市场机制独立承担经济责任并核算盈亏，各子公司总经理的报酬能够直接与本企业的业绩挂钩，考核的指标体系相当量化而明确；同时子公司经理的收入完全可以与各子公司的利润挂钩，而且可以与未来业绩紧密相关；由于各子公司生产经营的是不同的产品，这些产品的市场行情相差悬殊，与此相关对应，各企业的利润客观上存在很大差别，统一的利润分享和风险约束机制违背了激励的公平性，容易挫伤某些子公司的生产积极性，不利于其发展和壮大；同时裕和公司已经实行了股份制改造，公司所有员工都拥有公司股票。基于以上特征，研究小组首先选择了SB公司作为激励机制改革的试点，设计了一种新的期权激励方案。

由裕和公司董事会委托公司财务部门在年初清算核定SB公司现有的全部净资产。为保证足够的透明度和公平性，可由外部审计人员核资，并全部分成子公司虚拟股份，从中提留15%的虚拟股份作为在该公司实施期权激励的储备，报请董事会批准。

期权的授予额度直接与SB公司的业绩挂钩。在年初核定净资产并分成股份后，裕和公司与SB公司经理约定，如果年末结算时SB公司完成了当年目标利润，则在年末就将15%的期权储备股份中的5%作为期权奖励基数授予经理。若超额完成利润目标，则每超额加10%再多授予1%期股（不足10%则不增授），直到把其余的10%机动股授完为止。若SB公司年末利润率未达到规定目标，则相应的要根据缺额数减少期权授予的额度，每缺额5%扣1%的期股（缺额不足5%则不扣减），直到把5%的奖励基数扣完为止。而若净亏损，则不授予期权。期股储备中未授予的期股不能递推到下年再授予，而是在当年自动失效，主权仍归公司。

股权激励方案的基本思路如下。

1. 期限

该项期权方案实施周期为3年，从资产核算之日起计。其中，从核算资产提留股份到授予期权为考核年（在该年初核算资产，年末根据利润额授予期权），而授予日之后到第3年末为期权静默期。在这3年内，公司不再向SB公司经理授出期权，下一次授予期权的时间是第4年末（第3年末结束第一轮期权计划，第4年初重新核定资产，该年末视完成利润指标情况授出第2期期权）。鉴于裕和公司是统一按照股份制设计的，若单独将SB公司进行真正的期权激励改革缺乏实施基础，因此魏教授所设计的是一种虚拟期权，即该期权并不涉及公司真正的所有权和决策权，只是吸收期权的长期激励特征作为计价的一种方式。

2. 执行价

由于SB公司的产品已经较为成熟,市场销路较好,利润率相比于其他子公司较高,这几年一直处于高赢利状态,目前公司已经经过了高速增长期进入了稳定发展阶段,如果行业和市场情况不出现大的变动,基本上可以预期这种利好趋势还能持续,但由于产品创新优势的逐渐丧失,预计盈利率将有所下降,因此最终决定以溢价方式确定执行价:以现有每股净资产为基准,并以公司平均最低税后投资收益率10%作为SB公司必须达到的增长指标,测算3年后的每股应有价值,得出的数据即为执行价,即:执行价=现有每股净资产 X(1+10%)a (其中 a=3)。在这一定价方案下,裕和公司约定按照以下方法计算3年后SB公司的资产额:3年后SB公司净资产=核算时的净资产+3年利润。这里所指的"利润"是税后纯利润,已经扣除了SB公司年终分红的支出,以避免公司经理重复分享利润。这时的每股价值就是总的资产额除以股份数,它与期权执行价的差额决定了SB公司经理能否从该虚拟期权方案获益以及获益多寡。

3. 风险抵押

为了确保期权激励方案的顺利实施,增加期权对SB公司经理的激励和约束力度,决定在虚拟期权制度中实施风险抵押:按执行价的15%收取抵押金供公司有偿使用(以同期银行利率上浮30%计息)。期权的执行时间为第3年末,基本上与年终奖的核定发放同步进行。裕和公司与SB公司经理以交割差价的形式行权,由财务部门按照上面所述的计算方法核算每股价值,得出与执行价的差额,即为SB公司经理的应得收益;如果在行权时出现负差价现象,这部分差价则须从风险抵押金中扣除,扣完为止。

4. 延期支付方式

SB公司经理的虚拟期权收益的40%以现金形式当年发放,而其余60%必须先挂在经理的年终个人账户上由公司有偿使用(以同期银行利率上浮30%计息),在以后3年内逐步兑现,分别为第一年15%、第二年20%、第三年25%。

三、裕和公司的期权管理

裕和公司董事会经过多次讨论,最终通过了魏教授提出的期权方案。为了使该方案得到顺利实施,裕和公司对期权管理做出了一些具体规定,主要内容如下。

(1) SB公司作为期权方案的试点于2008年开始实施,目前期权方案只针对子公司总经理。到2008年年末获得期权制度的第一期数据后,再根据实际情况在其他子公司和核心员工中推广。

(2) 子公司经理获得的期权只作为计算奖励的依据,不涉及股票所有权,不能转售也不能赠予他人。

(3) 一项期权伴随着经理的离任自动终结。如果期权未到执行期,而经理离职,则要视具体情况做出不同的安排:如果系客观原因离职,如健康原因、公司内部调动或退休等,是可允许经理提前行权。但在这种情况下,要修正原来规定的执行价,修正方法是变更年度指数(为期权实际存续年份,取整数)。举例而言,如果在第3年11月份(虽然接近年末,但未到结算期,视同两年)经理离职,则:期权新执行价=原执行价/(1+10%);

相应的，行权时的每股价值=(核算时净资产+实际存续年份的利润额)/股份数。如果经理离职时每股价值小于新执行价，经理可以放弃行权，但因考虑到经理改变这种不利情形的机会被剥夺，为公平起见，押金仍予退回。若经理以主观原因离任，如跳槽或因严重过失被解职，则冻结期权，无任何利益补偿，也不退期权押金。

(4) 继任经理必须在新一轮核资的基础上开始享受期权激励，不继承原有期权。

(5) 若经理在获得虚拟期权后因客观原因离任但不离开该企业，其持有的期权按在任时间长短(为期权实际存续年份，取整数)同比例折算：如经理在第二年的某个月离任，则按 1/3 的比例折算原有期权数，该部分可继续持有至行权日，其余部分自动作废；若因主观原因(如过失)被解职但仍留用于原企业，则其所持有的全部股份将被冻结。

张昌林仔细研究了集团公司出台的期权方案和期权管理规定，通过仔细测算和衡量，最终与裕和公司签订了该薪酬改革协议。

分析与评价

一、激励机制是人力资源战略的中心内容

组织的发展在很大程度上取决于人才是否愿意积极地分享知识、技能、见识和创意，因此如何体现员工的价值成为激励的重点。激励是通过让人对工作汇报产生满足感和公平感来刺激员工完成一个预期的行为或达到预期的目标。激励的必要性，不仅来自于人力资源价值补偿的需要，更来自于人力资本消耗的差异。特别是对于组织中的技术创新者和经营创新者。从信息的掌握程度和处理方式上都存在着极大的差异，这种差异要求对人力资本的所有者要有不同的激励。裕和公司原有薪酬体系没有突出对业绩优异的经营者的激励，尤其没有长期激励，因此就导致了张昌林对原有薪酬产生了强烈的不公平感。

二、股票期权制度是一种长期激励制度

长期激励是指绩效衡量周期一年以上的对既定绩效目标的达成提供奖励的计划，它强调长期规划和对组织的未来可能产生影响的决策，它能够创造一种所有者意识，有助于组织招聘、保留和激励高绩效员工，从而为组织的长期发展打下良好的基础。股票起源通过个人绩效——企业绩效——公司股票价格的挂钩，基于行权价、行权期等相关参数的设定而成为一种广为使用的长期激励制度，其激励作用主要来自于公司股票价格的上涨可能带来的预期收益。裕和公司根据张昌林的反映和企业内部的调查，委托专家进行薪酬激励机制的改革，说明了公司对核心员工激励的重视。专家在原有薪酬制度基础上，主要是增加了长期激励，一方面使得组织能够留住优秀的经营者，另一方面也能使这些员工更多地从组织的长期发展和长期利润最大化出发进行决策，从而达到组织和员工双赢的目的。

三、股票期权有多种形式

在实际实施中产生了多种股票期权形式，每一种期权形式都各有特点。由于市场环境、法律法规等方面的因素，在我国现阶段实施严格意义上的股票期权还存在许多限制，因此在实际应用中，组织会根据自身情况，注意吸收其长期激励、约束机制对股票期权进行改进和完善，从而强化股票期权制度的适用性和可操作性。由于裕和公司已经实现了股份制，虚拟期权扩大了期权的使用范围，尤其是对非上市的股份制公司而言，应用起来更加顺利。虚拟期权由于不用支付期权费因此缺乏对经理人的约束，为解决这一问题，专家给裕和公司设计了配套的风险抵押金制度，从而实现了激励约束的均衡。

案例二　C集团的人才继任与开发①

随着市场竞争的日趋激烈，人才继任与开发对一个组织的持续性发展显得越发重要。组织变革、兼并重组等重大决定的做出越来越取决于管理人才的可获得性。一些大的跨国公司出现了一种倾向：首席执行官在位时间越来越短，除首席执行官以外的高级管理人员的流动性也同样在不断增强。同样，自1999年以来，中国企业的高层变动频繁而面广，让人始料不及，有时甚至令人难以置信。

全美公司董事联合会将管理人才的继任与开发计划作为董事会考核主管业绩的关键指标之一。对于我国的企业而言，经营管理人才的继任与开发是上层主管部门和高层管理人员的责任。因此，如何选择优秀的继任人才并对其进行培养是摆在每个管理人员面前的问题，下面以C集团为例讨论人才的继任与开发问题。

一、战略层面的考虑

C集团是一家以软件开发和技术服务为核心，提供行业应用软件、通用及个人软件、软件出口、嵌入式软件及网络产品、电子商务和信息服务的高科技上市公司，也是拥有遍布全国各地营销机构的集团公司。

C集团作为一家高科技公司，非常重视员工的创新精神和学习能力。集团把帮助个人不断提高能力视为公司发展的重要战略，鼓励所有员工敢于打破束缚个人和公司发展的限制，倡导在公司内形成一种相互学习的氛围，同时鼓励向竞争对手和其他公司学习。

C集团与众多跨国公司建立了密切的合作关系。在未来几年，为逐步实现更大规模的软件出口，C集团的国际合作将更为深入和广泛。

C集团要求每一个分公司/子公司/事业部都要注意企业文化建设；弘扬奋斗精神、创新精神和群体精神，在工作中努力体现集团的核心价值观：

① 选自《现代人力资源管理案例精选》。

客户：通过为客户提供高质量的产品和一流的服务，获得客户的信赖和尊重，并建立长期的合作关系。

二、继任人才的选拔

由于C集团是个高科技公司，所以拥有很多的高学历员工，硕士、博士的比例很高。但是非常遗憾的是，这些高学历员工大部分都是技术市场类人员，没有受过系统的管理、战略的学习和培训，所以如何选择继任人才是摆在C集团面前的一个非常重要的问题。

C集团的主要领导人考虑从外部引进人才以保证公司的活力，但是，集团的其他高层人员对此持保留态度，他们认为集团企业文化的精髓是奋斗精神、创新精神和群体精神。在这种文化氛围中，引进的高层领导者很难融入这种文化中，同时通过奋斗成长起来的员工也很难接纳外人坐享其成。因此，C集团的继任人才应该从公司内部选拔，这也比较符合国际公司的做法。

选拔继任人才，不仅对候选人资格提出了要求，还界定了集团未来面临的环境、商机、技术等。同时，候选人的解决问题能力、个人性格、管理风格等软性条件，以及集团的战略、文化、价值观等也必须考虑在内。经过这个步骤，C集团制定了一个选拔继任人才的标准：第一是要有精力和魄力面对、迎接未来的可变事件；第二是有激励员工工作的能力，就是努力使机构兴奋起来，能激励鼓动人们去采取行动；第三是要有“锋芒”，要有自信去面对棘手的问题，也就是C集团领导人所希望的“优缺点”都明显；第四就是要具备足够的执行力，一切的事务都是通过执行才能够看到实际效果的，所以执行力也非常关键。

根据以上标准进行衡量和筛选，有两个人被列入候选人名单：

S经理，36岁，在C集团的市场营销部、人力资源部、海外开拓部、高层培训部等部门工作过，并且在知名商学院参加了EMBA的培训，学习了系统的管理知识；他在C集团中有比较高的威望，与外界接触颇多，但是比较缺乏技术知识。在管理过程中，S经理形成了自己独特的管理风格：细腻、温和、讲究平衡。

P经理，48岁，他是C集团的创业元老。目前任C集团的财务总监，非常了解C集团的财务状况，是集团的重要人物，在集团中有较高的威望。同时，他当初是以一个技术人员的身份进入公司的，对技术方向了解颇多，但是与同事的人际关系不太好，和外界的交往也少。其管理风格比较细致、严格。

三、实施继任人才开发计划

人才继任与开发计划是C集团非常重要的文化，其目的是在贯彻这个计划的过程中，培养和锻炼有潜质的后备人才，而并不是单纯地培养后继CEO。这个计划有两方面的作用：一方面是凝聚优秀人才的注意力，使其认为认真工作在公司是可以得到提升的，从而提高这类优秀人才的忠诚度；另一方面是从公司的角度考虑，人才继任与开发可以让公司在真正需要继任者的时候，有足够优秀的候选人进行挑选和培养。C集团认为人的领导力是可以培养的，因此在很多状况下，公司提供培养锻炼，使继任人才的能力更强、素质更高，公司也可以不断成长。人才继任与开发计划的关键在于发现公司内部的

"明日之星",并有意识地加以培养。从大学招聘来的新人要学习包括专业、财务、销售等方面的知识技能。一年以后,他们都要再参加专业学院的再教育,学习专业素质和技能。参加过专业学院培训的优秀员工,一旦被确定为人才继任与开发的"明日之星",更会被安排参加新管理人员的训练课程,学做管理者,并开始更多的培训和实战锻炼。

C集团采用了三种方式开发"明日之星"。

1. 对人才继任与开发计划保密

由于C集团处于一个发展变革期,稳定显得尤为重要。C集团的高层认为,由于只能在有限的候选人S经理和P经理二者中选择继任者,在最后结果出来之前,做好保密工作非常必要。第一,对该计划保密可以使高层对二人的观察更加符合事实。第二,集团高层在人才继任与开发计划上投入了大量精力,大家一致的看法是该计划只能成功不能失败,否则就会危及公司的发展甚至生存。第三,如果让候选人知道了该计划的存在和实施,其中的失败者可能会不满或者很沮丧,甚至可能会离开公司,C集团无法承担这样优秀人才离开公司的损失。因此,C集团的人才继任开发计划是严格保密的。C集团高层采用了以下方式对S经理和P经理进行培训,同时也作了详尽的考查。

2. 培养与考查

首先,C集团对候选人采用了降级考查的方法,目的是通过这种刺激性的考查动作来深入了解一个人的性格和本质。结果是S经理降级之后工作仍然十分努力,情绪影响几乎没有受到降级的影响;P经理降级后比较沮丧,虽能够完成自己的工作,但是其人际关系比原来更为糟糕。

其次,是关系处理的考查。显然,一个继任者要有效地开展工作,必须得到董事会和集团高层的认同,所以C集团领导把S经理和P经理介绍给高层管理人员,考查这两位候选人和高层以及董事会成员相处的情况,希望他们两个能够得到高层和董事会的认同。

再次,是通过考察S经理和P经理的嗜好来考查其生活态度、人格等。因为C集团领导认为,一个人即使能力再优秀,但是人格有问题或者生活态度非常偏激也是不能够承担重任的。

最后,针对S经理缺乏技术知识以及P经理不善处理人际关系问题,集团采用了不同的方式来弥补两人的不足。集团将S经理下派到技术部门,工作6个月;为P经理单独安排了系统的人际关系培训课程,并要求P经理培训后要对公司某一层级做专题讲座。

最后的结果其实从第一阶段的降级考查中就已经可以看出来了,C集团高层对S经理表示了一致认同的态度,S经理被安排到了总裁的位置,而P经理通过人际关系培训,其劣势也得到了一定的改观,C集团高层在商议之后将P经理提到了副总裁的位置。

分析与评价

一、中国企业应当高度重视选拔继任者

在知识经济时代,人力资源比其他任何一种资源都重要,是决定企业经营成败

的关键因素。对于一个健康、持续发展的企业来说，继任者的选择与开发显得更为重要。

很多企业家已经注意到企业领导人突然离开对企业带来的巨大冲击，王均瑶和陈逸飞的突然逝世就让均瑶集团和逸飞集团措手不及。就中国目前的知名企业而言，它们一般创建于20世纪80年代中期，经过20年的拼搏，第一代的创业者已经进入"疲惫期"，并且其思维、观念受到国际化的冲击，不少人已经力不从心，因此继任者的选择成为摆在中国企业领导人面前的一个重要问题。对于正在走向国际化的中国企业的继任者来说，跨文化的理解能力很重要，并且需要很强的学习能力以及远见卓识。

二、人力资源部门的人才继位与开发任务

制订与实施人才继位与开发计划不仅仅是高层领导人的事情，更是组织人力资源部门的重要工作。人才继位与开发计划的成功与否还有赖于整个组织的人力资源管理水平。同时我们也要认识到，选拔继任者并不仅仅局限于对公司"领头羊"的选择，其实一切职位都有一个继位开发的问题，这是一个广义的概念。人力资源部门应注意配合做好以下几点：

首先，组织应该为员工设立理想、快捷的职业发展通道，充分考虑员工的自我发展意愿，并且适时进行沟通和调整，同时向员工提供实现职业发展所必要的培训。

其次，培训要有针对性。不仅要符合组织的要求，还要针对员工自己的职业发展规划。同时，企业要对培训结果做出评价，切实关注员工的发展。

三、"内部人"或"空降兵"的正确抉择

从内部人中选择和空降兵里选择继任者都有成功的例子，应当从组织的实际出发，做出正确选择。"空降兵"能给组织带来新的思维，但是任何一个组织从初创到成长壮大必然会积淀形成自己独特的企业文化。空降兵的到来，在某种程度上意味着会对原有的员工和利益者有所冲击，尤其对于中国一些组织而言，企业文化往往就是企业家文化，这对空降兵的文化融合非常困难，对空降兵能否得到高层的认同也会很难。因此，按照一般国际大公司的做法，在公司运作正常的状态下，CEO往往都是从公司内部选拔的。但是，在一个组织处于自身难以克服的某些困境之中，或者有搞一场巨变的计划时，引进文化有很大差异的"空降"人才恰恰又是非常必要的举措。

案例三　明宏科技有限公司的薪酬制度[①]

薪酬是员工为组织付出劳动所获得的回报和酬劳，薪酬公平与否，直接影响员工的

① 选自《现代人力资源管理案例精选》。

积极性。正常合理的具有激励性的薪酬分配，有助于调动员工的工作积极性和激发员工的创造力，使员工体会到自身价值得到了认可，增强组织的凝聚力。

一、背景

明宏科技有限公司(以下简称明宏公司)是一家贸易公司，除经销由其控股的LX公司开发生产的高科技建筑材料外，还代理经营光源、节电器、太阳能灯具等产品。明宏公司由5位自然人共同出资300万元于2005年5月注册成立，5位出资者组成了公司董事会，其中张鸿出资155万元占总出资额的51%，因此任公司董事长兼总经理。公司自成立之初就确立了"自主开发为主、代理经营为辅"的发展宗旨，因此在2005年8月就投资100万元与一高校科研人员李方平共同开发其专利产品，李方平将其专利折价50万元入股，注册成立了LX公司，专门生产李方平研制的高科技建筑材料。该产品是国家倡导的环保型节能建筑材料，当时全国只有北京和山东两家公司已经研发成功并投入使用，市场需求旺盛，前景十分广阔：明宏公司目前还处于起步阶段，但得益于公司的价值观、质量理念、高科技方面的竞争优势和公司各个层次上的创新精神，公司正迅速步入快速增长期，其长期目标是发展成一家集生产、销售、服务为一体的综合型集团公司。目前公司有管理人员12人，营销人员15人，科接研发人员6人。

为了使公司快速、有序发展，2006年年初，明宏公司制定了以扩大市场占有率为核心的短期发展目标，着力营造企业文化，明确企业目标和发展战略，进行企业框架、业务流程和制度建设；构建企业人力资源管理模式，注重高质量人才的引进和使用，明确并强化人才激励和开发工作，其短期发展目标分为两个阶段。

第一阶段：至2007年年底。以企业建设为主体，构造良好的文化和氛围。高科技建材产品以稳定质量、控制成本、提高产量为生产目标，以现有渠道为基础进行营销网络的拓展，进入两个目标子市场，以销售额和利润额的扩大为主要指标；其他贸易产品在现有渠道上，以提高销售额和利润率为目标。

第二阶段：至2007年年底。以市场份额为核心，着重建立成本和质量优势，注重控制和激励。在第一阶段数据积累的基础上，明确目标，确定各种考核指标，强化各种激励措施。鉴于这样的发展规划，明宏公司于2006年年初实施了针对第一阶段的薪酬制度。该薪酬制度分别为管理人员、营销人员和科技开发人员设计了不同的薪酬模式。明宏公司明确告知员工这一薪酬制度只实施到2005年年末，届时将本着强化激励、实现员工与组织双赢的基本原则，根据实际情况作较大的调整。

二、明宏公司营销人员薪酬方案

明宏公司营销人员薪酬方案的基本模式为基本工资＋佣金制＋奖金制。

1. 基本工资

一般营销人员在试用期一律执行650元/月的试用工资，试用期原则上不得少于3个月；经总经理批准，对业绩突出者可适当缩短试用期，但最低不得少于1个月。

一般营销人员试用期满后基本工资为800元/月，市场营销部副经理1200元/月，市场营销部经理1600元/月，营销副总经理2500元/月。

2. 佣金制

以到账销售款为提成基数，以销售单价设定提成比率。产品销售价格以公司指导价为基础，市场营销部(经理)的价格浮动权限为－2.5%～5%，营销副总经理的价格浮动权限为－5%～＋10%，超出权限范围的定价必须上报上级主管领导批准；擅自越权定价者，给公司造成损失的应赔偿损失，并处以所签项目佣金50%的罚款。佣金提成比例，根据销售难易程度、产品类别、员工级别予以区别对待。

(1) 营销部员工(包括普通员工和营销部经理、副经理)

建材产品：凡利用2007年1月1日前公司拥有的市场渠道进行的销售，提成比例为8%；凡自行开拓新市场进行的销售，提成比例为11%。

其他产品：提成比例为8%。

(2) 营销副总经理

按营销部员工相应提成比例下浮一个百分点执行。

(3) 其他管理人员

其他管理人员在做好本职工作的基础上，可充分利用业余时间进行营销活动，但不得与营销人员现有营销领域发生冲突，有能力者可向总经理申请转为营销人员。其他管理人员的提成比例参照营销部员工，若其营销活动影响到本职工作，或给专职营销人员造成障碍者，根据情节轻重给予相应处罚，严重者赔偿损失直至开除。

3. 奖金

明宏公司在佣金制的基础上，为了强化对营销人员尤其是绩效优异者设计了超额销售利润奖励和市场拓展奖励。

(1) 市场开拓奖

凡首次进入公司从未涉足的市场领域者，除按规定提取佣金外，首次销售额在2万元(含)～10万元(不含)以内的，一次性给予5000元奖励；在10万元(含)～20万元(不含)以内的，一次性给予8000元的奖励；在20万元(含)以上的，一次性给予1万元的奖励；奖励在首笔销售款到账后兑现，若最终销售额与奖励规格有差异，按实际多退少补。其他管理人员开拓新市场也按本条执行。

(2) 利润贡献奖

年终计算公司的销售利润总额，以此为依据计算营销人员人均月销售利润；统计各营销员的实际月均营销利润，超出平均利润者给予超额销售利润奖励，以其年度利润超额部分的10%作为利润贡献奖，低于人均月销售利润标准的营销人员不予奖励。本部分奖励只针对营销人员，销售利润只统计营销人员。

① 计算方式

公司营销人员销售利润总额A＝营销人员销售额－相应进货成本－营销人员佣金

营销人员人均月营销利润B＝A/营销人员工作月数加总

营销人员实际月均营销利润C＝该员工个人销售利润总额/该员工实际工作月数

当营销人员实际月均营销利润C＞营销人员人均月营销利润B时，给予利润贡献奖，奖金的计算方法为：

利润贡献奖＝(C－B)×该营销人员当年实际工作月数×10%

② 支付方式：延期支付

延期时间：暂定1年，即2007年度的利润贡献奖在2007年1月兑现。

兑现条件：2007年1月在岗在编营销人员；期间没有任何违纪违法行为。

兑现方式：若2008年度未能获得利润贡献奖，则2007年度利润贡献奖按实际计算数额发放；若2008年度获得利润贡献奖，但奖金低于2007年度，则2007年度利润贡献奖按实际计算数额的110%发放；若2008年度获得的利润贡献奖高于2007年度则按以下公式计算：

发放系数A＝2006年度利润贡献奖金/2005年度利润贡献奖金×10%＋110%

2007年度利润贡献奖实际发放额＝2007年度利润贡献奖计算额×发放系数A

三、管理人员薪酬方案

管理人员薪酬方案的基本模式为：基本工资＋补贴＋奖金。

管理人员的薪酬主要由以下几项组成。

其一，基本工资：按岗位等级设定，参照以下标准发放。

总经理：3500元/月；副总经理：2500元/月；部门经理：1600元/月；部门副经理：1350元/月；普通员工：1200元/月。

其二，工龄工资：企业外工龄2元/年，企业内工龄8元/年，每月发放。

其三，补贴：职务补贴＋通讯补贴。

职务补贴：总经理600元/月，副总经理400元/月，部门经理200元/月，部门副经理100元/月。

通讯补贴：公司为员工开通虚拟网，虚拟网入网费和月租费由公司负责，在此基础上另行对管理系列实行通讯补贴，发放标准为：总经理400元/月，副总经理250元/月，部门经理200元/月，部门副经理100元/月，普通员工50元/月。

其四，奖金：绩效考核奖＋利润分享奖。

一是绩效考核奖励：于2006年6月和12月下旬对全体管理人员按绩效考核制度进行半年度和年度绩效考核，按考核结果(优秀、良好、中等、合格和不合格五个等级发放半年度和年度奖金)。

二是利润分享奖励：年终计算公司的净利润，以净利润的10%作为利润分享奖励。具体分配方法采用“瓜分制”。

(1)“瓜分制”的计算方式

以基本工资为基础折算成点值，即总经理3.5，副总经理2.5，部门经理1.6，部门副经理1.35，普通员工1.2，将所有管理人员的点值加总得出总点值，瓜分比例计算公式：

总点值－$\sum$各管理人具点值

每个员工的瓜分比例＝各员工个人点值/总点值

每个员工的利润分享额＝公司净利润×10%×每个员工的瓜分比例

(2) 支付方式：延期支付

延期时间：暂定1年，即2008年度的利润贡献奖2007年1月计算，2008年1月兑现。

兑现条件：2008 年 1 月在岗在编管理人员。

兑现方式：若 2007 年度绩效考核优秀者，则 2008 年度利润分享奖按实际计算数额的 130％发放；若 2007 年度绩效考核良好者，则 2008 年度利润分享奖按实际计算数额的 110％发放；若 2007 年度绩效考核合格获中等者，则 2008 年度利润分享奖按实际计算数额的 100％发放；若 2007 年度绩效考核不合格者，则 2008 年度利润分享奖按实际计算数额的 70％发放。

四、技术人员薪酬方案

明宏公司对技术人员实行年薪制。公司经过内外部薪酬调查后最终确定 5 万元为年薪基础，在此基础上再根据个人的实际情况和绩效表现核定调整系数。调整系数有以下三个方案。

1. 岗位系数

以个人岗位所处的重要程度和所承担工作的负荷量，将公司目前的技术岗位分为 5 个等级并设定相应的岗位系数，分别为 1、1.1、1.3、1.6、2。岗位系数随着每人的岗位变化而调整。

2. 技能系数

以个人从事的基数工作的熟练程度和业务技术能力，将工作技能分成三个等级，并设定相应的技能系数，分别为 1、1.1、1.2，技能水平每年调整一次，年中不变化。

3. 绩效考核系数

对技术人员进行一年二次的考核，半年度考核于当年 7 月进行，年度考核于下一年度 1 月进行。考核由本部门技术人员、部门经理和副总经理担任考评，具体内容为工作态度、计划执行情况、协作能力、责任性、创新表现等组成。

技术人员的薪酬发放方式为：

基本月薪：公司每年年初根据技术人员的实际情况确定岗位系数和技能系数，年薪为：A＝5 万 * 岗位系数 * 技能系数，基本年薪的 50％按月作为基本月薪发放，基本月薪 Y＝基本年薪 A * 50％－12，其余 50％的年薪留存在半年度和年终发放。

半年度兑付：根据半年度考核情况对留存年薪中的40％进行年中预结算，半年度兑付额 B＝基本年薪×50％×半年度考核绩效系数×40％。

年终兑付：根据年度考核系数进行年度兑付，若年中有岗位调整者，还需要考虑岗位调整系数来实际计算年薪。

实际年薪 A′＝5 万元×岗位调整系数×技能系数×年度考核系数

年终兑付额 D＝实际年薪 A′－基本月薪 Y×12－半年度兑付额 B

年终兑付分三年支付：其中，当年支付 70％，第二年末支付 20％，第三年末支付 10％；若中途技术人员因个人原因离开公司，未支付部分自动作废；若因公司原因与劳动者解除劳动关系，则在劳动关系解除时一次性支付所有未支付部分。

分析与评价

一、强化薪酬管理与组织战略规划之间的联系，有助于改善组织的经营绩效

许多的组织在进行薪酬制度的设计和改革时往往不是从组织的发展战略和人力资源战略出发来进行的，而总是把公平、合理地分配薪酬管理本身当作一种目的，因此导致各种薪酬措施最终收效甚微。组织的薪酬制度和薪酬管理应当服从于组织的战略规划，通过对组织战略的支持作为赢得竞争优势的重要源泉。明宏公司虽然为一家新公司，但公司的股权和组织结构比较明确，同时在确立长期发展战略的基础上明确了短期目标，从短期发展目标出发来制定公司的薪酬制度，使得薪酬更具有针对性。

二、员工之间的差异化要求有差异化的薪酬制度

薪酬在某种意义上是组织和与员工之间的一种经济契约，由于每个员工与其他的员工都是存在差别的，因此每一个员工与组织的契约也应该要求有个性化。但是，组织为每一个员工设计个性化的薪酬是不现实的，某些员工会处于一种相似的工作环境从而形成一类员工群体，所以，可以通过员工群体的差异化薪酬管理来增强薪酬制度的公平、合理和有效性。明宏公司根据公司组织结构明确的三个岗位系列来设计薪酬制度就体现了对员工的工作和技能的差异的认同，三类人员的工作存在显著的差异，因此实行差异化的薪酬管理制度更合理。

三、各类人员的薪酬制度设计要体现其工作的差异性以及对组织的影响程度

管理人员、营销人员和技术人员所从事的工作和职位特征具有差异性，同时其工作成果的可衡量性、工作过程的可监督性、绩效表现的可评价性、受外部环境的影响程度、对组织经营目标的重要性以及对组织盈利的贡献度都存在很大的不同，因此，组织对这些员工的薪酬管理应该体现这些差别，组织必须根据自身的特点、员工群体的特征以及不同职位之间的差别来进行设计。明宏公司根据营销人员结果导向的工作特征设计了以佣金制为核心的薪酬制度，同时考虑了员工工作的难易程度和对绩优员工的长期激励；对技术人员实行年薪制，方便简洁，实施成本较低，考虑了岗位、技能和绩效的差别，年薪又具有一定的弹性，同时用延期支付的方式兼顾了长期激励；对管理人员实行的是职务工资制，同时运用绩效考核和延期支付来实现短期和长期相结合。明宏公司的薪酬设计充分考虑了不同性质的工作之间的差别。当然，差异化管理中必须注意不同类别员工之间的薪酬平衡，明宏公司由于目前还没有具体的经营和管理数据，所以很难做到这点，因此，公司就明确说明现在的薪酬制度是短期的，希望积累基础数据来对现有的薪酬制度进行改进，以增强薪酬的公平性。

案例四 A公司的工作分析方案[①]

一、案例介绍

A公司是一家已有近三十年历史的国有企业，主要从事进出口贸易，其年进出口总额在全行业中排名一直很靠前，享有很高的知名度。

但是，随着中国加入WTO，A公司面临着越来越大的经营压力。目前，该公司的平均营业收益率为5%，而且还存在着较大的交易风险。

从该公司的经营状况来看，公司的销售收入逐年大幅下降，收益率越来越低，而且近年来，投资失误接连不断，法律纠纷也时有发生，银行信用大打折扣，几乎降到零点。企业经营出现问题，员工的收益自然也受到影响，个人收入年年下降。员工收入下降，导致情绪低落、纪律涣散。并且谣传公司即将破产，员工纷纷暗中寻找“退路”。

为了应对企业出现的这些情况，公司请某知名咨询公司帮助诊断，公司期望通过外部专家的介入和工作，找出问题症结所在，一边对症下药，使公司重新焕发青春。通过调查分析，咨询公司认为A公司主要存在以下问题。

(1) 公司高级管理人员定位失误，片面理解集中管理的优点，过分强调与纠缠于操作管理，加上缺少战略性规划，因而一方面导致决策失误的风险加大，授权的失效禁锢了多数中低层管理者和员工的工作积极性和创造性。

(2) 管理层次过多、纵向太深，造成组织效率低下，信息渠道严重受阻。高层管理者代行中层管理者的职能，出现权责混乱，进一步加深了组织效率的恶化程度。

(3) 因人设岗，造成机构臃肿。全公司副经理级别人员39人，达到近40%的百分比。非生产性人员过度膨胀，达到50%以上。

(4) 职能部门，包括经理办公室、行政办、人事部、财务部等未尽其责，致使高层管理者在决策过程中缺乏政策参考、统计支持和相关信息基础。

(5) 职能部门人员的绩效无考核标准，而且工作得不到其他部门人员的认可，被认为是吃“闲饭”的，相关员工无工作积极性。

(6) 忽视人力资源综合开发。由于职责划分不明确，组织功能不健全，员工普遍存在角色模糊，操作推诿、扯皮现象严重。

(7) 以人为控制为主要内容的财务制度、人事制度、考勤制度、奖励制度等存在着严重的随意性，制度形同虚设，权大于法，员工失望、不满。

(8) 经济责任制考核到个人，又与所在部门整体效益挂钩，因而大锅饭的弊病依然存在。

总之，A公司的主要问题是组织的职能机构功能不清，岗位职责不明。需要进行工

---

① 选自《现代人力资源案例精选》。

作分析，重新划分职能部门，确定工作流程，明确职责权限。

二、A 公司人力资源状况和工作分析计划

该公司现有员工总数 107 人。其中，16 人服务于 7 个国内外机构，4 个直属专业分公司共有经理人员及业务员 42 人，储运部 4 人，财务部 11 人，房地产公司 6 人，后勤 5 人，总经理办公室 8 人，人事部 2 人，行政部 5 人，企业部 4 人，副总经理 3 人，总经理 1 人。全体员工 65%以上具有大专以上文凭，主要集中在业务部门和管理层。该企业在各外部机构设经理 1 名，3 个分公司各设总经理及副总经理 2 人，下属有关分支机构各设负责人 1 人。其他部门各设经理 1 名。3 名副总经理中有一人由党委书记兼任，实行总经理法人代表负责制。通过调查分析，咨询公司认为 A 公司的组织结构设计需要加以完善，为此，对各部门的工作职能要进行分解，明确界定各个职位的职责与权限，确定各个职位的主要工作绩效指标和对任职者的基本要求，也就是说，要进行工作分析和工作设计。

双方经过认真讨论，确定工作分析要完成以下内容：

(1) 了解各个职位的主要职责与任务；

(2) 根据新的组织机构运行的要求，合理清晰地界定职位的职责权限以及职位与组织内外的密切关系；

(3) 确定各个职位的关键绩效指标；

(4) 确定对工作任职者的基本要求。

工作分析的最终成果是形成具体的《职位说明书》。在工作分析中将使用的方法有：资料调研、工作日志法、访谈法、职位调查表和现场观察法。工作分析由咨询公司团队与 A 公司有关人员一起组成工作分析项目组来开展，本次工作分析主要分为三个阶段进行，即准备阶段、实施阶段和结果整合阶段。

第一阶段：准备阶段

(1) 成立工作分析领导小组(A 公司领导任组长，咨询公司派人参加)

(2) 成立工作分析工作小组(由 A 公司员工和咨询公司员工组成)

(3) 对现有资料进行研究

(4) 选定待分析的职位

(5) 设计调研用的工具

第二阶段：实施阶段

(1) 召开员工会议，进行宣传动员

(2) 对参加工作分析工作组的 A 公司员工进行培训

(3) 制订具体的调研计划

(4) 记录工作日志

(5) 实施访谈和现场观察

(6) 发放调查表

第三阶段：结果整合阶段

(1) 对收集来的信息进行整理

(2) 与有关人员确认信息,并做适当的调整

(3) 编写职位说明书

工作分析完成之后,形成了各职位的职位说明书。其中一例,见下表:

职位名称	薪资福利主管	职位代码	06	所属部门	人力资源部
职　系		职等职级	1	直属上级	人力资源经理
薪金标准		填写日期		核准人	
职位概要:协助上级完成薪酬、福利的各项日常工作。					
工作内容: ◆ 起草公司年度薪酬规划及福利计划; ◆ 参与制定、调整薪酬福利政策; ◆ 定期收集市场薪酬信息和数据; ◆ 根据公司业务发展情况和市场水平,制定合理的薪酬调整实施办法; ◆ 按时完成人工成本、人工费用的分析报告并及时更新维护员工资料库; ◆ 制作公司每月的工资报表按时发放工资;					
◆ 办理养老保险、医疗保险、失业保险、工伤保险、住房公积金等社会保险和基金; ◆ 考勤、管理休假; ◆ 其他与薪酬相关的工作。					
任职资格: 教育背景: ◆ 人力资源、劳动经济、心理学、管理学等相关专业本科以上学历。					
培训经历: ◆ 受过现代人力资源管理技术、劳动法律法规和财务会计知识等方面的培训。 经验: ◆ 2 年以上薪资管理工作经验。 技能技巧: ◆ 熟悉国家人事政策、法律和法规; ◆ 熟悉和薪酬相关的法律、法规; ◆ 人力资源管理理论基础扎实; ◆ 熟练使用相关办公软件。 态度: ◆ 良好的职业操守,细致、耐心、谨慎、踏实、稳重; ◆ 强烈的敬业精神与责任心,工作原则性强,人际沟通、协调能力强。					
工作条件: 工作场所:办公室。 环境状况:舒适。 危险性:基本无危险,无职业病危险。					

分析与评价

从 A 公司的工作分析案例中,我们可以看出以下几点。

1. 工作分析是组织改变经营状况的一个必经途径

工作分析是人力资源管理过程中一项重要的基础性活动。在进行调研、搜集信息、进行职位分析的过程中，同时也就摸清了管理工作中存在的问题。A公司要改善经营状况，必须首先抓好组织人力资源管理，而工作分析是抓好人力资源管理的前提和基础。

2. 进行工作分析时需要注意以下几个问题

第一，做好计划和准备工作是工作分析成功的保证。计划和准备工作包括两个方面。一方面，工作分析人员应当事先制订详细的计划，明确工作分析的目的和适用范围，确定被分析的工作职位以及适用的工具等。另一方面，工作分析的实施需要组织的中高层统一思想认识，并给予坚决支持；需要给予基层员工必要的培训和沟通。只有组织各层面人员都积极参与和配合，工作分析才能取得成功。

A公司在进行工作分析时作了大量的准备工作，保证了职位分析工作的顺利进行。

第二，工作分析重在过程。参与分析的过程，一方面是组织目标与职责分解的过程，另一方面也是员工对组织目标与任务的理解过程。员工的参与在加深员工对目标与职责了解的同时，也使工作分析的结果更有实际的指导意义。工作分析的过程本身也是对业务流程、职责划分、权责匹配优化的过程，各个部门和岗位的员工对工作分析过程的深入参与使得结果更加合理，也更容易被接受，使组织能够取得更高的工作效率。

第三，把握好工作分析的基本原则。工作分析是提炼而不是列举，它是从大量纷繁芜杂的信息中对工作内容进行分类、综合和抽象；工作分析是对岗位的分析而不是对现有任职者的分析；工作分析是对事实进行分析而不是进行主观的推断。

第四，工作分析是数据管理的基础，不是结果。通过工作分析获得的大量基础数据和信息最终为工作说明书的形成提供了依据，使得工作分析成为人力资源管理体系各项职能的基础和出发点。员工以工作说明书为行动指南，而管理人员必须使用工作说明书来进行管理。由于组织的目标与环境在不断发展变化，组织的组织结构是动态的、发展的，因此职位说明书必须有一个动态的完善机制，需要依靠工作分析不断地提供各种信息和数据。

3. 职位说明书是工作分析的重要结果

职位说明书为企业制定人力资源策略提供了依据，它也是工作分析最重要的成果。

案例五　东京迪斯尼的培训①

一、案例介绍

世界上有6个很大的迪斯尼乐园，在美国的佛罗里达州和加州的两个迪斯尼乐园都有一段历史了，并创造了很好的业绩。不过全世界开得最成功的、生意最好的却是日本东京迪斯尼。美国加州迪斯尼经营了25年，有2亿人参观；东京迪斯尼，最高纪录一年

① 选自《现代人力资源管理案例精选》。

可以达到1700万人参观。我们通过这个案例,看看东京迪斯尼是如何吸引顾客的。

开酒店或经营乐园,并不是希望客人只来一次。如果今天一对夫妇带孩子来逛乐园,他的孩子以后还会再来吗?如果回答是肯定的,这才叫做引客回头。开酒店也是同样的道理,很少有酒店去注意到一名客人会不会来第二次和第三次,所以只要有客人来住就行,却没有想到如何引客回头。东京迪斯尼要让老客户回头,就得在这个问题上动脑筋。

到东京迪斯尼去游玩,人们不大可能碰到迪斯尼的经理,门口卖票和检票的也许只会碰到一次,碰到最多的还是扫地的清洁工。所以东京迪斯尼对清洁工非常重视,将更多的训练和教育大多集中在他们的身上。

(一) 从扫地的员工培训起

东京迪斯尼扫地的员工,有些是假期来打工的学生,虽然他们顶多只扫两个月时间,但是培训他们扫地要花3天时间。

1. *学扫地*

第一天上午要培训如何扫地。扫地有3种扫把:一种是用来清扫树叶的;一种是用来扫纸屑的;一种是用来去灰尘的。这三种扫把的形状都不一样,因为扫树叶、扫纸屑、扫灰尘的扫法和要求都不一样。这些看似简单的动作都要严格培训。而且扫地时还另有规定:开门时、关门时、中午吃饭时,距离客人15米以内等情况下都不能扫。这些规范都要认真培训,严格遵守。

2. *学照相*

第一天下午学照相。十几台世界最先进的数码相机摆在一起,各种不同的品牌,每台都要学,因为客人会叫员工帮忙照相,可能会带世界最新的照相机来这里度蜜月、旅行,如果员工不会照相,不知道这是什么东西,就不能照顾好顾客,所以学照相要学一个下午。

3. *学包尿布*

第二天上午学怎么给小孩子包尿布。孩子的妈妈可能会叫员工帮忙抱一下小孩,如果员工不会抱小孩,动作不规范,不但不能给顾客帮忙,反而增添顾客的麻烦。抱小孩的正确动作是:右手要扶住臀部,左手要托住背,左手食指要顶住颈椎,以防闪了小孩的腰,或弄伤颈椎。不但要会抱小孩,还要会替小孩换尿布。给小孩换尿布时要注意方向和姿势,应该把手摆在底下,尿布折成十字形,最后在尿布上面别上别针,这些地方都要认真培训,严格规范。

4. *学辨别方向*

第二天下午学辨识方向。有人要上洗手间,“右前方,约50米,第二三号景点东,那个红色的房子”;有人要喝可乐,“左前方,约150米,第七号景点东,那个灰色的房子”;有人要买邮票,“前面约20米,第十一号景点,那个蓝条相间的房子”……顾客会问各种各样的问题,所以每一名员工要把整个迪斯尼的地图熟记在脑子里,对迪斯尼的每一个方向和位置都要非常的明确。

训练3天后,发给员工3把扫把,开始扫地。如果在迪斯尼里面,碰到这种员工,游客会觉得很舒服,下次会再来迪斯尼。这就是员工的服务能起到的作用。

(二) 会计人员也要直接面对顾客

有一种员工是不太接触顾客的,就是会计人员。迪斯尼规定:会计人员在前两三个月中，每天早上上班时，要站在大门口，对所有进来的客人鞠躬、道谢。因为顾客是员工的“衣食父母”，员工的薪水是顾客掏出来的。感受到什么是顾客后，再回到会计室上做会计工作。

二、其他重视顾客、重视员工的规定

1. 怎样与小孩讲话

游迪斯尼有很多小孩，这些小孩要跟大人讲话。迪斯尼的员工碰到小孩在问话，统统都要蹲下，蹲下后员工的眼睛跟小孩的眼睛要保持一个高度，不要让小孩抬着头去跟员工讲话。因为小孩是未来的顾客，将来都会再来的，所以要特别重视。

2. 怎样对待丢失的小孩

从开业到现在的十几年里，东京迪斯尼曾丢失过两万名小孩，但都找到了。重要的不是找到，而是在小孩子走丢后从不广播。如果这样广播“全体妈妈请注意，全体妈妈请注意，这边有一个小孩子，穿着黑裙子白衬衫，不知道是谁家的小孩子”，所有的妈妈都会吓一跳。既然叫做乐园就不能这样广播，一家乐园一天到晚丢小孩子，谁还敢来。所以在迪斯尼里立了 10 个托儿所中心，只要看到小孩走丢了，就用最快的速度把他送到托儿所中心。从小孩衣服、背包来判断大概是哪里人，衣服上有没有绣他们家族的姓氏；再问小孩，有没有哥哥、姐姐、弟弟、妹妹，来判断父母的年龄；有的小孩子连妈妈的样子都描述不出来，都要想办法在网上开始寻找，尽量用最快的方法找到父母然后用电车把父母接到托儿所中心，此时小孩正在喝可乐、吃薯条、啃汉堡，过得挺快乐，这才叫乐园。他们就这样在几十年里找到了两万名小孩，最难得的是从来不广播。

3. 怎样送货

迪斯尼乐园里有喝不完的可乐，吃不完的汉堡，享受不完的三明治，买不完的糖果，但从来看不到送货的。因为迪斯尼规定在客人游玩的地区里是不准送货的，送货统统在围墙外面。迪斯尼的地下像一个隧道网一样，一切食物、饮料统统在围墙的外面下地道，在地道中搬运，然后再从地道里面用电梯送上来，所以客人永远有吃不完的东西。

由这些可以看出，迪斯尼那么重视客人，所以客人就不断去迪斯尼。去迪斯尼玩10次，大概也看不到一次经理，但是只要去一次就看得到他的员工在做什么。这就是前面讲的，顾客站在最上面，员工去面对客户，经理人站在员工的底下来支持员工。

分析与评价

从 1955 年沃特·迪斯尼在美国洛杉矶创建世界上第一个生产欢乐的主题公园——迪斯尼乐园，到 1971 年在美国佛罗里达州奥兰多创建迪斯尼世界，再到 1983 年的日本东京迪斯尼和 1992 年的法国巴黎迪斯尼，迪斯尼名震全球，成为世界旅游业主题公园中的一张王牌。

据统计，上述四家迪斯尼每年接待游客超过八千多万人次。而且据调查，到迪斯尼参观的人有 70%会再度光临。面对激烈的旅游市场竞争，是什么力量使得迪斯尼经久不衰，执主题公园之牛耳呢？实际上，迪斯尼成功的秘密武器就是给游客提供优质、高效、细致的服务，而这种服务品牌的形成则得力于迪斯尼严格、系统的员工培训。

从以上的培训案例中我们可以看到：

迪斯尼对员工的培训首先不是着眼于其素质和水平的提高，而是把它作为企业价值观和敬业精神教育的一种重要手段。所以，迪斯尼对所有员工的培训开始都是近乎宗教式的灌输，培训已成为企业长期坚持的核心价值工程之一。

首先，迪斯尼要求每一个员工，不论是新聘任的副总裁还是入口处收票的业余兼职短工，都要接受由迪斯尼大学教授团的新员工企业文化训练课，以便让他们认识迪斯尼的历史传统、成就、经营宗旨与方法、管理理念和风格等。通过这种从文化、精神，到角色、语言的培训，迪斯尼所有的员工都会对企业有一个比较深入的了解，为他们以后更好地适应迪斯尼的工作打下良好的心理基础。

重视客户的理念是迪斯尼成功的又一原因。从以上迪斯尼的培训内容中我们可以看出，像扫地、包尿布、照相、辨别方向这样看起来简单、似乎“人人会做”的项目，迪斯尼都会一丝不苟的作为基本项目来培训，这实质上反映了迪斯尼重视客户的理念。这种重视客户的理念反映在各个方面：怎样对待丢失的小孩、怎样与小孩讲话、怎样送货等等。“蹲下来与小孩讲话”、“与小孩的眼睛保持同一高度”、地下通道里送货，这些细节性的要求无不体现了迪斯尼从顾客角度出发，为顾客着想的理念。

此外，长期坚持严格、细致的培训制度，认真对待培训的每一个细节，这也是迪斯尼长盛不衰的重要法宝。

案例六　职业生涯规划与管理①

中国钢铁巨头宝钢集团从2006年起到2011年一直是职工科技创新成果和工人发明家等业务技术、职业技能项目劳动竞赛的全国冠军，这使人想到十年前的一段往事：人力资源部在2001年为企业下属的7个子公司人事经理作了员工发展的专题培训，希望在不增加人员数量的前提下，利用对员工进行职业生涯规划来达到集团年增收益20%以上的目标。在为期一周的培训中，培训师首先让7个子公司的人事经理们了解了如下的内容：什么是职业生涯的规划与管理？为什么要进行职业生涯规划与管理？职业生涯规划与管理对个人和所在的公司都有怎样的意义？

通过培训，宝钢集团下属公司的人事经理们明白了以下一些道理。

1. 所谓职业生涯，是一个人一生的工作经历，特别是职业、职位的变动及工作理想实现的整个过程。

2. 职业生涯规划与管理，就是具体设计及实现个人合理的职业生涯计划。

3. 职业生涯规划与管理可按照时间的长短来分类，可分为人生规划、长期规划、中期规划与短期规划四种类型。

① 选自《劳动报》，2011年3月。

类 型	定义及任务
人生规划	整个职业生涯的规划，时间长至40年左右，设定整个人生的发展目标，如规划成为一个有数亿资产的公司董事
长期规划	5～10年的规划，主要设定较长远的目标。如规划30岁时成为一家中型公司的部门经理，规划40岁时成为一家大型公司副总经理等
中期规划	一般为3～5年内的目标与任务，如规划到不同业务部门做经理，规划从大型公司部门经理到小公司做总经理等
短期规划	3年以内的规划，主要是确定近期目标，规划近期完成的任务，如对专业知识的学习、掌握哪些业务知识等

4. 进行职业生涯规划与管理的意义在于：职业生涯的规划与管理是作为职业人士所面临的首要问题，它是对个人职业发展的远景规划和资源配置。然而绝大多数人忽视或者仅仅在表面上关注这一问题，他们希望在工作中一切都得到满足，于是总是“这山望着那山高”，多次“追求发展机会”的结果却只是不断地失去发展机会。

5. 职业生涯规划与管理对个人和所在的组织都有重要的意义。

对个人	1. 以既有的成就为基础，确立人生的方向，提供奋斗的策略 2. 突破并塑造清新充实的自我 3. 准确评价个人特点和强项 4. 评估个人目标和现状的差距 5. 准确定位职业方向 6. 重新认识自身的价值并使其增值 7. 发现新的职业机遇 8. 增强职业竞争力 9. 将个人、事业与家庭联系起来
对公司	1. 可以更深地了解员工的兴趣、愿望、理想，以使他能够感觉到自己是受到重视的人，从而发挥更大的作用 2. 由于管理者和员工有时间接触，使得员工产生积极的上进心，从而为单位的工作作出更大的贡献 3. 由于了解了员工希望达到的目的，管理者可以根据具体情况来安排对员工的培训 4. 可以适时地用各种方法引导员工进入组织的工作领域，从而使个人目标和组织的目标更好地统一起来，降低了员工的失落感和挫折感 5. 能够使员工看到自己在这个组织的希望、目标，从而达到稳定员工队伍的目的

在了解了职业生涯规划与管理的重要性之后，宝钢集团下属公司的人事经理们迫切想知道如何进行职业生涯规划与管理。培训师给出了这样的答案：

职业生涯规划与管理是一个精心设计的系列流程，必须每一步都是可控的，具体的程序是：

A. 职业生涯诊断	B. 职业生涯目标与标准	C. 职业生涯发展策略	D. 职业生涯实施管理
1. 自我分析 2. 环境分析 3. 关键成就因素分析 4. 关键问题分析	1. 职业发展周期 2. 职业生涯发展目标 3. 职业生涯成功标准	1. 职业生涯发展途径 2. 职业生涯角色转换 3. 职业生涯能力转换	1. 职业生涯发展方案 2. 职业生涯发展文件PPDF

步骤一：职业生涯诊断

职业生涯必须理想与实际相结合，职业生涯诊断能够帮助个人真正了解自己，并且进一步详估内外环境的优势、限制，在"衡外情，量己力"的情形下，设计出合理且可行的生涯发展方向。只有把自身因素和社会条件做最大程度的契合，才能在现实中趋利避害，使职业生涯规划更具实际意义。

1．诊断的内容

1.1　自我分析

1．个人部分	健康情形	身体是否有病痛，是否有不良的生活习惯，是否有影响健康的活动，生活是否正常，有没有养生之道
	自我充实	是否有专长，经常阅读和收集资料吗，是否正在培养其他技能
	休闲管理	是否有固定的休闲活动，有助于身心和工作吗，是否有休闲计划
2．事业部分	财富所得	薪资多少，有储蓄吗，有动产、有价证券吗，有不动产吗，价值多少，有外快吗
	社会阶层	现在的职位是什么，还有升迁的机会吗，是否有升迁的准备呢，内外在的人际关系如何
	自我实现	喜欢现在的工作吗，理由是什么，有完成人生理想的准备吗
3．家庭部分	生活品质	居家环境如何，有没有计划换房子，家庭的布置和设备如何，有心灵或精神文化的生活吗，小孩、夫妻、父母有学习计划吗
	家庭关系	夫妻和谐吗，是否拥有共同的发展目标，是否有共同或个别的创业计划，父母子女与父母、与公婆、与姑叔的关系如何，是否常与家人相处、沟通、活动、旅游
	家人健康	家里有小孩吗，小孩多大，健康吗，需要托人照顾吗，配偶的健康如何，家里有老人吗，有需要你照顾的家人吗

1.2　环境分析

1．友伴条件	朋友要多量化、多样化且有能力
2．行业条件	注意社会当前及未来需要的行业
3．组织条件	组织有改革计划吗，组织需要什么人才
4．地区条件	视行业和组织而定
5．社会	注意政治、法律、经济、社会与文化、教育等条件，该社会的特性及潜在的市场条件

1.3　关键成就因素分析

1．人脉	家族关系、姻亲关系、同事（同学）关系、社会关系	沟通与自我推销
2．金脉	薪资所得、有价证券、基金、外币、定期存款、财产（动产、不动产）、信用（与为人和职位有关）	储蓄、理财有方、夫妻合作、努力工作提高自己的能力条件及职位
3．知脉	知识力、技术力、咨讯力、企划力、预测（洞察）力、敏锐力	做好时间管理、安排学习计划、上课、听讲座、进修、组织内轮调、多做事、反复练习、经常做笔记、做模拟计划

1.4 关键问题分析

1. 问题发生的领域	是家庭问题、自我问题，还是工作问题；或是其中两者或三者的共同作用
2. 问题的难度	是否学习新技能，是否需要全神贯注，是否需要个人改变态度与价值观
3. 自己与组织的相互配合情况	自己是否作出贡献，是否学会在组织内部适合自己的职业领域中发挥专长，和其他组织人员的团结协作怎样，组织对自己的职业生涯设计和自己制定的职业生涯规划是否冲突等

2. 诊断的方法

2.1 诊断方法体系

方式	评价者	评价内容	评价标准
自我评价	本人	1. 自己的才能是否充分施展 2. 对自己在组织发展、社会进步中所作的贡献是否满意 3. 对自己的职称、职务、工资待遇等方面的变化是否满意 4. 对处理职业生涯发展与其他人生活动的关系的结果是否满意	根据个人的价值观念及个人的知识、水平、能力
家庭评价	父母、配偶、子女等家庭成员	1. 是否能够理解和肯定 2. 是否能够给予支持和帮助	根据家庭文化
企业评价	上级、平级、下级	1. 是否有下级、平级同事的赞赏 2. 是否有上级的肯定和表彰 3. 是否有职称、职务的晋升或相同职务责权利范围的扩大 4. 是否有工资待遇的提高	根据企业文化及其总体经营结果
社会评价	社会舆论 社会组织	1. 是否有社会舆论的支持和好评 2. 是否有社会组织的承认和奖励	根据社会文化

2.2 常用的六种诊断工具

这六种诊断工具的关键之处就在于所用的方法是归纳式的而非演绎式的。诊断过程是从具体到一般，而不是从一般到具体。

自我访谈记录	给每个发一份提纲，其中有 11 道问及他们自己情况的问题，要他们提供有关自己生活（有关的人、地、事件），他们经历过的转折以及未来的设想，并让他们在小组中互相讨论。这篇自传摘要体裁的文件将成为随后的自我分析所依据的主要材料
斯特朗-坎贝尔个人兴趣调查问卷	这份包含有 325 项的问卷填答后，就能据此确定他们对职业、专业领域、交往的人物类型等的喜恶倾向，为每人跟各种不同职业中成功人物的兴趣进行比较提供依据
奥尔波特-弗农-林赛价值观问卷	此问卷中列有多种相互矛盾的价值观，每人需对之做出 45 种选择，从而测定这些参加者对多种不同的关于理论、经济、美学、社会、政治及宗教价值观接受和同意的相对强度
24 小时活动日记	参加者要把一个工作日及一个非工作日全天的活动如实而无遗漏的记下来，用来对照其他来源所获同类信息是否一致或相反

续　表

“重要人物”访谈记录	每位参加者要对自己的配偶、朋友、亲戚、同事或其他重要人物中的两个人，就自己的情况提出一些问题，看看这些旁观者对自己的看法，这两次访谈过程需要录音
生活方式描述	每位参加者都要用文字、照片、图或他们选择任何其他手段，把自己的生活方式描绘一番

步骤二：确定职业生涯目标和标准

1. 确定职业发展周期

每个人的职业发展都需要经过几个阶段，个人需要依据职业发展周期调整个人的知识水平和职业偏好。

1. 成长阶段	成长阶段大体上可以界定在从一个出生到 14 岁这一年龄段上。在这一阶段，个人通过对家庭成员、朋友以及老师的认同以及与他们之间的相互作用，逐渐建立起了自我的概念。在这一阶段的一开始，角色扮演是极为重要的，在这一时期，儿童将尝试各种不同的行为方式，而这使得他们形成了人们如何对不同的行为做出反应的印象，并且帮助他们建立起一个独特的自我概念或个性。到这一阶段结束的时候，进入青春期的青少年(这些人在这个时候已经形成了对他们的兴趣和能力的某些基本看法)就开始对各种可选择的职业进行带有某种现实性的思考了
2. 探索阶段	探索阶段大约发生于一个的 15～24 岁这一年龄段上。在这一时期中，个人将认真地探索各种可能的职业选择。他们试图将自己的职业选择与他们对职业的了解以及通过学校教育、休闲活动和工作等途径中所获得的个人兴趣和能力匹配起来。在这一阶段的开始时期，他们往往做出一些带有试验性质的较为宽泛的职业选择。然而，随着个人对所选择职业以及对自我的进一步了解，他们的这种最初选择往往会被重新界定。到了这一阶段结束的时候，一个看上去比较恰当的职业就已经被选定，他们也已经做好了开始工作的准备
3. 确立阶段	确立阶段大约发生在一个人的 24～44 岁这一年龄段上，它是大多数人工作生命周期中的核心部分。有些时候，个人在这期间(通常是希望在这一阶段的早期)能够找到合适的职业并随之全力以赴地投入到有助于自己在此职业中取得永久发展的各种活动之中。人们通常愿意(尤其是在专业领域)早早地就将自己锁定在某一已经选定的职业上。然而，在大多数情况下，在这一阶段人们仍然在不断地尝试与自己最初的职业选择所不同的各种能力和理想
4. 维持阶段	到了 45～65 岁这一年龄段上，许多人就很简单地进入了维持阶段。在这一职业的后期阶段，人们一般都已经在自己的工作领域中为自己创立了一席之地，因而他们的大多数精力主要就放在保有这一位置上了
5. 下降阶段	当退休临近的时候，人们就不得不面临职业生涯中的下降阶段。在这一阶段上，许多人都不得不面临这样一种前景：接受权力和责任减少的现实，学会接受一种新角色，学会成为年轻人的良师益友。再接下去，就是几乎每个人都不可避免地要面对的退休，这时，人们所面临选择就是如何去打发原来用在工作上的时间

2. 确定职业生涯发展目标——职业性向

决定个人选择何种职业有六种基本的“人格性向”(实际上每个人不是只包含有一种职业性向，而是可能几种职业性向的混合)，这种性向越相似，则一个人在选择职业时面临的内在冲突和犹豫就越少。

1. 实际性向	具有这种性向的人会被吸引从事那些包含着体力活动并且需要一定技巧、力量和协调的职业，如森林工人、运动员
2. 调研性向	具有这种性向的人会被吸引从事那些包含着较多认知活动的职业，而不是主要以感知活动为主的职业，如生物学家和大学教授
3. 社会性向	具有这种性向的人会被吸引从事那些包含着大量人际交往活动的职业，而不是那些有大量智力活动或体力活动的职业，如心理医生和外交人员
4. 常规性向	具有这种性向的人会被吸引从事那些包含着大量结构性和规则性的职业，如会计和银行职员
5. 企业性向	具有这种性向的人会被吸引从事那些包含着大量以影响他人为目的的语言活动的职业，如管理人员、律师
6. 艺术性向	具有这种性向的人会被吸引从事那些包含着大量自我表现、艺术创造、情感表达和个性化的职业，如艺术家、广告创意人员

3. 确定职业生涯的成功标准——职业锚

当一个人不得不做出职业选择的时候，他无论如何都不会放弃的那种职业中至关重要的东西或价值观就是职业锚。职业锚是人们选择和发展职业时所围绕的中心，是确定职业生涯成功与否的一个要素和标准。

3.1 影响一个人职业锚的因素有

(1) 天资和能力。

(2) 工作动机和需要。

(3) 人生态度和价值观。

3.2 五种职业锚

3.2.1 技术或功能型职业锚

具有较强的技术或功能型职业锚的人往往不愿意选择那些带有一般管理性质的职业。相反，他们总是倾向于选择那些能够保证自己在极大的技术或功能领域中不断发展的职业。以技术职能能力为锚位的员工，有特定的职业工作追求、需要和价值观。他们表现出以下特征：

(1) 强调实际技术或某项职能业务工作；

(2) 拒绝全面管理工作；

(3) 其成长是在技术能力区的技能不断提高，其成功更多地取决于该领域专家的肯定和认可，以及承担该能力区日益增多的富有挑战性的作业。

抛锚于技术型的人一般从事工程技术、营销、企业计划、财务分析、系统分析等专业工作。

3.2.2 管理能力型职业锚

抛锚于管理型的人在很大程度上具有对组织的依赖性。他们呈现以下特点：

(1) 负单纯管理责任，且责任越大越好，这是管理能力型职业锚员工的追逐目标，他们倾心于全面管理，掌握更大的权力，肩负更大的责任；

(2) 具有强有力的升迁动机和价值观，以提升等级和收入作为衡量成功的标准；

(3) 具有将分析能力(在信息不完全以及不确定的情况下发现问题、分析问题和解决问题的能力)、人际沟通能力(在各种层次上影响、监督、领导、操纵以及控制他人的能力)和情感能力(在情感和人际危机面前只会受到激励而不会受其困扰和削弱的能力以及在较高责任压力下不会变得无所作为的能力)特别合成的技能;

(4) 把承担具体的技术工作或职能工作当做是通向更高更全面管理层的必经之路,从事具体工作是为了更好地展示自己的能力,以便获取专职的管理权。

3.2.3　创造型职业锚

在某种程度上,创造型职业锚同其他类型的职业锚有重叠。追求创造型职业锚的人呈现以下特点:

(1) 有强烈的自主权和管理能力,能施展自己的才干,但是这些不是他们的主要动机和主价值观,创造才是他们的主要动机和主价值观;

(2) 有强烈的创造需求和欲望,追求创造型职业锚的人具有一种一以贯之的需要,即建立或创造某种东西,它们完全属于自己的杰作;

(3) 意志坚定,勇于冒险,冒险与创造(特别是极强烈的创造欲望)有如孪生兄弟,立志抛锚于创造型的人,既然强烈要求标新立异、有所创造,一般都作了冒险的准备。

3.2.4　自主型职业锚

自主型职业锚又称独立型职业锚,抛锚于自主与独立型的人具有特点是:

(1) 最大限度地摆脱组织约束,追求能施展个人职业能力的工作环境;

(2) 自主型职业锚与其他职业锚有交叉,如自主型职业锚同时是技术能力型职业锚,或者同时是安全型职业锚;

(3) 以自主型职业为锚位的人在工作中显得很愉快,享有自身的自由,有职业认同感,把工作成果与自己的努力相连结。

3.2.5　安全型职业锚

安全型职业锚又称稳定型职业锚,具有这些锚位的人重视长期的职业稳定和工作的保障性,其特征如下。

(1) 职业的稳定和安全是这一类职业锚员工的追求、驱动力和价值观。他们的安全取向有两类:追求职业安全和注重情感稳定的安全。

(2) 在行为上,安全型职业锚的人倾向于根据领导对他们提出的要求行事,不越雷池一步,以维持工作安全、收入体面、退休津贴较高等形式所体现的一种稳定的前途。

(3) 对组织有依赖性,一般不愿离开一个特定的组织,他们相信组织会根据他们的情况来识别他们的需要和能力,做出可能的最佳安排,他们较其他人更容易接受组织。

(4) 个人职业生涯的开发与发展受到限制。

(5) 把稳定、安全、整合良好的家庭环境和工作环境作为奋斗成功的标准。

步骤三:确定职业生涯发展策略

1. 确定职业生涯发展途径

制定确实可行的职业生涯发展途径是职业生涯策略的基础。具体来说,是指对职业生涯目标的落实措施,主要包括工作、训练、教育、轮岗等方面的措施。组织需要考虑能否为员工提供适当学习与训练的途径和机会,让员工能够以市场需求来衡量自己的技能与经验等因素。同时,在设定基准和提升技能方面,企业与员工双方需要持合作态度,共同进步。

2. 确定职业生涯角色转换

尽管从原则上可以把个人的职业发展周期可以分为成长阶段、探索阶段、确立阶段、维持阶段和下降阶段，但是并不是每个人的职业发展周期都是一样的，每个人都会有自己的特点。如有的人年轻时走的是技术路线，到了维持期初期仍然处在中层以下的职位，人脉积累较快而体力下降却较明显，那么改走行政路线将利大于弊，有不少人从技术路线转换到行政路线后，在维持期获得了新的发展空间，经历了两次确立期。也有一些学习网络工程的技术人员，因为年轻时善于积累，本行业的探索期非常短暂，确立期提前来临，在30岁左右又进入了经营领域，开始了新的探索期。

3. 职业生涯所需的能力转换

3.1　管理能力

3.1.1　管理能力的结构

<table>
<tr><td>第一级</td><td>在执行管理工作时，直接需要的能力</td><td>目标设定
计划化力/组织化力
统制力</td><td rowspan="2">经由实践的过程中可以学习到的领域</td></tr>
<tr><td>第二级</td><td>支持第一级的能力</td><td>战略的思考力
创造力/洞察力
协调力
解决问题能力等</td></tr>
<tr><td>第三级</td><td>要培养第一级、第二级能力所必要的知识、技能</td><td>与管理有关的知识和方法，有关本公司、本部门的知识等</td><td>OFFJT 所需要的领域</td></tr>
<tr><td rowspan="2">第四级</td><td rowspan="2">管理人员必备的人格特性</td><td>积极性、感情的安定性
自发性、责任感等</td><td>经由 OJT-OFFJT 可能改变的领域</td></tr>
<tr><td>行动性、持续性等</td><td>很难改变的领域</td></tr>
</table>

3.1.2　不同人员需要的管理能力

顺　位	初级管理人员	中级管理人员	高级管理人员
1	业务知识/技能	领导统御力	领导统御力
2	统御力	企划力	先见性
3	积极性(行动力)	业务知识/技能	谈判力
4	谈判力	谈判力	领导魅力
5	企划力	先见性	企划力
6	指导培养部属能力	判断力	决断力
7	创造力	创造力	创造力
8	理解、判断力	积极性	管理知识、能力
9	管理实践能力	对外、调整力	组织革新力
10	发掘、解决问题能力	领导魅力	判断力

3.1.3 管理人员能力的评价

能力分类	能力要求	个人能力程度	得 分
分析能力	有能力对一个形势或工作的组成因素进行论证，并能分析出其中的连接关系	1. 较差 2. 一般 3. 良好	
综合能力	有能力将不同的组成部分综合在一起，并对其优势成分进行论证说明	1. 较差 2. 一般 3. 良好	
预测能力	有前瞻能力，有远见，并有能力制订战略性计划，组织先行工作	1. 较差 2. 一般 3. 良好	
决策能力	有根据不全面的信息分析、评价、选择并做出最终的决策和承担风险的能力	1. 较差 2. 一般 3. 良好	
规划能力	有能力对所定目标进行论证说明，确定重点，制订行动计划，最终达到目的	1. 较差 2. 一般 3. 良好	
领导能力	有能力确定目标，让人接受一种观点、一个方案或一项行动计划。进行组织落实，确定检验标准及范围，并有能力对工作进行追踪	1. 较差 2. 一般 3. 良好	
组织能力	有能力设计一个组织机构，制定目标、工作方法和相关制度，并组织实施	1. 较差 2. 一般 3. 良好	
落实能力	具有正确传达上级指示、核定行动计划、制订具体的落实方案的能力	1. 较差 2. 一般 3. 良好	
先行活动能力	有能力明确制定工作目标，并有能力创造实现工作目标的各种条件	1. 较差 2. 一般 3. 良好	

3.2 专业能力

3.2.1 专业能力的结构

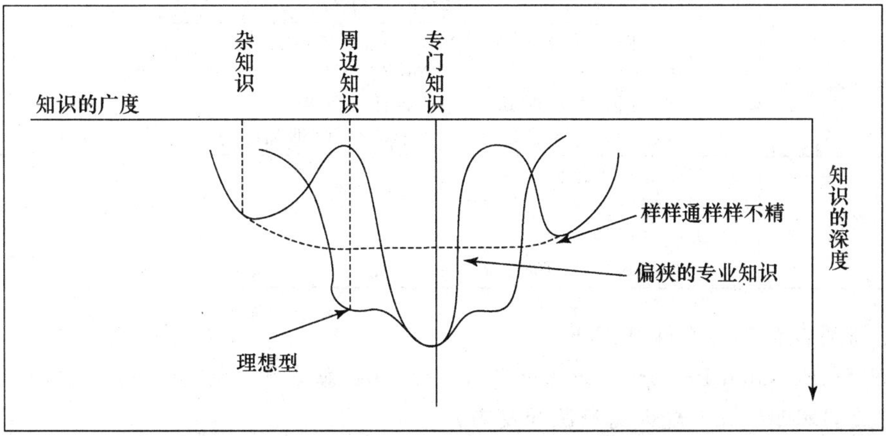

3.2.2 专业能力的开发方法

开发方法	使用比例
	100
	(435)
1. 自我启发	46.0
2. 组织内教育	11.0
3. 组织外教育	13.6
4. 同一部门内工作轮调	4.1
5. 不同部门内工作轮调	8.0
6. 派训关系企业	2.1
7. 多种研究开发专题的经验	43.9
8. 高度研究开发专题的经验	54.9
9. 参与某个专案小组	40.5
10. 参与组织外的专家交流	40.7
11. 参与组织外的专家共同研究	29.9
12. 其他	0.5

步骤四：职业生涯实施管理

1. 职业生涯发展方案

1. 分析基准	(1) 我的人生价值是什么 (2) 环境是否有利于我的成长 (3) 成长最大的障碍在哪里 (4) 我现有的技能和条件有哪些
2. 目标与标准	(1) 我处于职业生涯哪一阶段，这一阶段特点为何 (2) 可行的生涯方向是什么，为什么这个目标对我而言是最可能的目标 (3) 如何判断自己的成功
3. 生涯策略	(1) 职业生涯发展内部路线与外部路线为何 (2) 如何进行相应的角色转换 (3) 如何进行相应的能力转换 (4) 对我而言还有什么不能解决的问题呢
4. 生涯行动计划	(1) 执行计划是否做到从长期计划—年度计划—月计划—周计划—日计划的分解 (2) 我将分别在何时进行上述每一行动计划 (3) 有哪些人将会/应当加入此一行动计划
5. 生涯考核	(1) 什么你做得好，什么做得不好 (2) 你还需要什么，是需要学习，需要扩大权力，需要增加经验 (3) 怎样应用你的培训成果，你拥有什么资源 (4) 你现在应该停止做什么，开始干什么，培训和准备的时间如何安排
6. 生涯修正	(1) 职业的重新选择 (2) 职业生涯路线的重新选择 (3) 人生目标的修正 (4) 实施措施与计划的变更等

2. 职业生涯发展文件(PPDF)

PPDF(Personal Performance Development File)就是个人职业发展档案，它是一种极为有效的职业生涯匹配人力资源开发的方法。

2.1 PPDF 的使用指南

1. PPDF 的主要目的	PPDF 是对员工工作经历的一种连续性的参考。它的设计使员工和他的主管领导，对该员工所取得的成就，以及员工将来想做些什么有一个系统的了解。它既指出员工现时的目标，也指出员工将来的目标及可能达到的目标。它标示出，你如果要达到这些目标，在某一阶段你应具有什么样的能力、技术及其他条件等。同时，它还帮助你在实施行动时进行认真思考，看你是否非常明确这些目标，以及你应具备的能力和条件
2. 怎样使用 PPDF	PPDF 是两本完整的手册。当你希望去达到某一个目标时，它为你提供了一个非常灵活的档案。将 PPDF 的所有项目都填好后，交给你的直接领导一本，员工自己留下一本。领导会找你，你要告诉他你想在什么时间内、以什么方式来达到你的目标。他会同你一起研究，分析其中的每一项，给你指出哪一个目标你设计得太远，应该再近一点儿；哪一个目标设计得太近，可以将它往远处推一推。他也可能告诉你，在什么时候应该和电大、夜大等业余培训单位联系，他也可能会亲自为你设计一个更适合于你的方案。总之，不管怎样，你将单独地和你相信的领导一同探讨你该如何发展、奋斗

2.2 PPDF 的主要内容

PPDF 的主要内容包括个人情况、现在的行为、未来的发展。

1. 个人情况	(1) 个人简历	包括个人的生日、出生地、部门、职务、现住址等
	(2) 文化教育	初中以上的校名、地点、入学时间、主修专题、课题等。所修课程是否拿到学历，在学校负责过何种社会活动等
	(3) 学历情况	填入所有的学历、取得的时间、考试时间、课题以及分数等
	(4) 曾接受过的培训	曾受过何种与工作有关的培训(如在校、业余还是在职培训)、课题、形式、开始时间等
	(5) 工作经历	按顺序填写你以前工作过的单位名称、工种、工作地点等
	(6) 有成果的工作经历	写上你认为以前有成绩的工作是哪些，不要写现在的
	(7) 以前的行为管理论述	写你对工作进行的评价，以及关于行为管理的事情
	(8) 评估小结	对档案里所列的情况进行自我评估
2. 现在的行为	(1) 现时工作情况	应填写你现在的工作岗位、岗位职责等
	(2) 现时行为管理文档	写上你现在的行为管理文档记录，可以在这里加一些注释
	(3) 现时目标行为计划	设计一个目标，同时列出和此目标有关的专业、经历等。这个目标是有时限的，要考虑成本、时间、质量和数量的记录。如果有什么问题，可能立刻同你的上司探讨解决
3. 未来的发展	(1) 职业目标	在今后的 3～5 年里，你准备在组织里做到什么位置
	(2) 所需要的能力、知识	为了达到你的目标，你认为应该拥有哪些新的技术、技巧、能力和经验等
	(3) 发展行动计划	为了获得这些能力、知识等，你准备采用哪些方法和实际行动。其中哪一种是最好、最有效的，谁对执行这些行动负责，什么时间能完成
	(4) 发展行动日志	此处填写发展行动计划的具体活动安排，所选用的培训方法，如听课、自学、所需日期、开始的时间、取得的成果等

在培训结束前，培训师把自己多年积累的职业生涯指导的工作心得给了宝钢集团下属公司的人事经理们，希望他们能去验证这些心得的正确性和普遍性，并希望他们不仅

仅是整天板着一张脸的人事经理而是一个能给员工做职业心理指导的导师。培训师把心得归纳为下面的指导技巧。

1. 在职业生涯发展的道路上,重要的不是你现在所处的位置,而是迈出下一步的方向。

2. 职业生涯开发与管理:只要开始,永远不晚;只要进步,总有空间。

3. 职业生涯的每一次质的发展都是以学习新知识、建立新观念为前提条件的。

4. 在职业生涯早期,对自己锻炼最大的工作是最好的工作;在职业生涯中期,挣钱最多的工作是最好的工作;在职业生涯后期,实现人生价值最大的工作是最好的工作。

5. 在职业生涯发展的进程中,什么时候你的工作热情、努力程度不为工资待遇不高、不为上级评价不公而减少,从那时起你就开始为自己打工了。

6. 千万不要把你的主要精力放在帮助你的上级改正缺点错误上,用同样的时间和精力,你能从他身上学到的优点,一定多于能帮他改正的缺点。

7. 确定你的职业锚之日,就是你的职业转变为你的事业之时。

8. 在职业生涯发展的道路上没有空白点;每一种环境、每一项工作都是一种锻炼,每一个困难、每一次失败都是一次机会。

9. 在职业生涯发展的道路上,只要不放弃目标,每一次挫折、每一次失败都是有价值的。

10. 在职业生涯初期,我们可能做的是自己不喜欢而且不想从事一生的工作。要分清:喜欢不喜欢这份工作是一件事,应该不应该做好这份工作、是否有能力做好这份工作是另一件事。切记:职业生涯发展是从做好本职工作开始的。当你还没有能力做好一件工作时,就没有资格说不喜欢。

11. 成功的人和不成功的人就差一点点:成功的人可以无数次修改方法,但绝不轻易放弃目标;不成功的人总改目标,就是不改方法。

12. 职业生涯没有目标不行,目标太多不行,目标总变也不行。对目标的处理方法是:选择、明确、分解、组合,加上时间坐标。目标分解是在现实处境与美好愿望的实现之间建立可拾级而上的阶梯,目标组合是找出不同目标之间互为因果、相互促进的内在联系。

13. 求知是自我实现的前提,求美是自我实现的过程。

14. 只有暂时没有找到解决方法的困难,没有解决不了的困难。

15. 自我实现让人兴奋,天人合一使人平静。

16. 组织不仅是挣钱谋生的场所,更是学习进步、实现人生价值的舞台。

17. 内职业生涯发展是外职业生涯发展的前提,内职业生涯带动外职业生涯的发展。

18. 外职业生涯的因素通常由别人决定、给予,也容易被别人否定、剥夺;内职业生涯的因素主要靠自己探索、获得,并且不随外职业生涯的因素改变而丧失。

19. 外职业生涯略超前时有动力,超前较多时有压力,超前太大时有毁灭力;内职业生涯略超前时很舒心,超前较多时很烦心,超前太大时要变心。

20. 正确的角色定位需要理智,及时的角色转换需要智慧。

应该说宝钢集团职工的骄人的创新能力充分体现了宝钢集团内部各项管理理念和制度的有效性和被接受性,但我们不能不相信是这场培训给宝钢集团的管理层带来的意识转变及由此而来的新的管理制度的诞生。

参 考 文 献

1. 文跃然.薪酬管理原理[M].上海：复旦大学出版社，2006.
2. 刘昕.薪酬管理[M].北京：中国人民大学出版社，2007.
3. 史春祥，解进强.薪酬管理实务[M].北京：机械工业出版社，2008.
4. 孙静，林朝阳.企业薪酬管理[M].北京：清华大学出版社，2009.
5. 康士勇.薪酬与福利管理实务[M].北京：中国人民大学出版社，2008.
6. 袁圣东.绩效与薪酬管理[M].北京：高等教育出版社，2007.
7. 李立轩，袁圣东.人力资源开发与管理[M].北京：高等教育出版社，2007.
8. 顾沉珠.人力资源管理实务[M].上海：复旦大学出版社，2005.
9. 王贵军，丁雯等.招聘与录用[M].大连：东北财经大学出版社，2007.
10. 吴宝华.人力资源管理实用教程[M].北京：中国林业出版社，2007.
11. 袁蔚，孙慧等.人力资源管理教程[M].上海：复旦大学出版社，2006.
12. 畅享网 http://www.vsharing.com/
13. 百度百科 http://baike.baidu.com/